¿Café latte o capuchino?

125 decisiones que cambiarán tu vida

¿Café latte o capuchino?

125 decisiones
que cambiarán tu vida

Hilly Janes

Grupo Editorial Tomo, S.A. de C.V.,
Nicolás San Juan 1043,
03100, México, D.F.

1a. edición, agosto 2013.

Latte or Cappuccino?
Hilly Janes
Primero publicado en Gran Bretaña en 2012
por Michael O'Mara Books Limited,
9 Lion Yard, Tremadoc Road,
Londres SW4 7NQ

Nicolás San Juan 1043, Col. Del Valle. 03100, México, D.F.
Tels. 5575-6615 • 5575-8701 y 5575-0186
Fax. 5575-6695
http://www.grupotomo.com.mx
ISBN-13: 978-607-415-530-3
Miembro de la Cámara Nacional
de la Industria Editorial No. 2961

Traducción: Francisco Emrick
Diseño de portada: Karla Silva
Diseño tipográfico: Francisco Miguel M.
Corrector de primeras pruebas: Alma A. García
Corrector de primeras pruebas: David Cortés
Supervisor de producción: Leonardo Figueroa

Impreso en México - *Printed in Mexico*

Contenido

Introducción

SI ERES una persona muy delgada, haces mucho ejercicio, duermes como un tronco, te sientes en completo control de tu rutina diaria y nunca le gritas a tus hijos o a tu pareja, este libro no es para ti.

Si, por otro lado, te consideras un adulto más o menos saludable, pero te gustaría perder un poco de peso, o en ocasiones te sientes con exceso de trabajo y ansioso por todo lo que tienes que hacer, o preocupado porque tus relaciones con la familia, amigos o colegas no son tan afortunados como te gustaría que fuesen, entonces este es el libro indicado para ti.

Te ayudará a simplificar las decisiones diarias con las que a menudo nos enfrentamos. El libro se basa en investigaciones médicas sólidas, consejos de los expertos más confiables, en el sentido común y en mi experiencia personal como alguien que ha trabajado durante treinta años, muchos de éstos de tiempo completo, a la vez que cuidaba de mi familia. Y como escritora y editora de periódicos y revistas de alta calidad especializadas en estilos de vida, paternidad y salud, he tenido la gran fortuna de trabajar con expertos destacados en la materia. Este libro tiene como propósito compartir todo el conocimiento que he adquirido durante ese tiempo, desde lo que la neurociencia nos dice acerca del funcionamiento del cerebro hasta la razón por la que el calzado plano no es muy adecuado para nuestros pies.

El formato del libro, fácil de comprender, echa un vistazo a 125 decisiones que podrían tener un impacto en nuestra salud y bienestar, desde lo primero que hacemos en la mañana hasta lo último que hacemos en la noche. ¿Bañarse en regadera o en tina? ¿Llevar a cabo una actividad en el trabajo o delegarla a un compañero? ¿Ir a correr o a nadar? ¿Beber vino o un *gin-tonic*? ¿Comer pizza o pasta? ¿Discutir con tu pareja o morderte la lengua?

Sin embargo, te escucho decir: "Ya estamos inundados de consejos acerca de cómo vivir de forma saludable". Es cierto que somos bombardeados constantemente con las recomendaciones de los profesionales de la salud, las industrias de los alimentos, las bebidas y el acondicionamiento físico, los gurús de las relaciones humanas y demás, pero las sugerencias parecen cambiar de un minuto a otro. Eso se debe en parte a que la investigación médica evoluciona todo el tiempo y aunque nadie desea que se le prescriban medicamentos, o ser sometido a procedimientos médicos que no han sido probados rigurosamente, las palabras "los estudios demuestran" pueden hacer surgir un gran número de preguntas: ¿Quién pagó los estudios? ¿Una compañía de medicamentos con intereses creados? ¿Cómo y de quién se obtuvo la información? ¿Los resultados publicados incluyeron algún resultado negativo? ¿Son exactos los informes de los medios de comunicación? Un análisis de septiembre de 2012 publicado en la revista *Public Library of Science*, afirma que la mitad de ellos son propensos a confusiones. Así pues, con estas preguntas en mente, he intentado encontrar las fuentes más sólidas (enumeradas en su totalidad en las páginas 203-206) para respaldar las decisiones incluidas en este libro.

Uno de mis propósitos consiste en desmitificar los mensajes confusos que nos envían las industrias de alimentos y bebidas. Denominaciones como "saludable" o "natural" se escuchan como si fueran algo bueno para nosotros, pero en realidad significan muy poco. Las compañías de alimentos y los supermercados desean que comamos y bebamos más; la comida apetitosa que a menudo está llena de ingredientes procesados y de baja calidad puede representar grandes utilidades para ellos. De manera similar, el negocio del servicio de comidas y banquetes nos ofrece porciones más grandes, a menudo con un costo extra. El problema es que las partes de nuestros cerebros más primitivas, de cazadores-recolectores, encuentran estas porciones extras difíciles de resistir. Esto, en combinación con nuestros estilos de vida cada vez más sedentarios, provoca que no nos sorprenda que el 60% de las personas tengamos exceso de peso. Una dieta deficiente incrementa nuestro riesgo de padecer enfermedades cardiacas, diabetes y algunos tipos de cáncer; sin embargo, esto puede reducirse o incluso revertirse si cambiamos la manera en que comemos, bebemos y nos ejercitamos.

La buena noticia es que este libro está repleto de ejemplos sobre cómo efectuar estos cambios con pocas sustituciones de alimentos y bebidas, los cuales podrían marcar una gran diferencia en la ingesta de calorías, así como en los niveles de grasa, azúcar y sal: grupos de alimentos que pueden realmente inclinar la balanza hacia una salud deficiente si no vigilamos las cantidades que ingerimos. Algunos hechos y cifras sobre nutrición presentados de manera sencilla al final de este libro tienen el propósito de ayudarte a comprender los fundamentos del tema. Asimismo, son sugerencias prácticas acerca de cómo mejorar la cantidad o el tipo de ejercicios que llevas a cabo y mantenerte motivado, incluso si tu idea de hacer deporte es saltar frente al televisor.

Quizá tengas una condición física excelente, pero podrías necesitar un poco de ayuda respecto a ciertos problemas psicológicos o a tus relaciones personales. Sin embargo, algunos psicólogos, psicoterapeutas, asesores y la mayoría de las terapias complementarias no están regulados por las leyes, así que sus consejos podrían no estar respaldados por las certificaciones apropiadas o los códigos de conducta apropiados y deberás utilizarlos bajo tu propio riesgo. Por consiguiente, para sustentar mis consejos, he recurrido a fuentes confiables, como académicos investigadores y asociaciones profesionales con normas muy estrictas.

Piensa en este libro como una especie de recetario, pues está diseñado para permitirte hojearlo y leerlo con facilidad, escogiendo los temas que te suenen más atractivos y que creas que te van a funcionar. Es posible que ya practiques algunas de las decisiones que se sugieren en este libro. Nadie espera que lo sigas, pero tengo la esperanza de que si adoptas algunas de las sugerencias encontrarás algunos ingredientes para una vida más sana y más feliz.

Lo primero del día

UN MAL INICIO en la mañana puede ocasionarte un sentimiento de enojo y ansiedad durante buena parte del día. Piensa en esto: no puedes encontrar la ropa adecuada, se te ha acabado la leche y uno de tus hijos perdió la tarea; bueno, la tensión nerviosa se incrementa. Una rutina sencilla te preparará para lo que viene después.

El aseo

Las decisiones que hagas respecto a la rutina matutina del baño quizá estén determinadas por las restricciones de tiempo, cuando tú y otros miembros de la familia hacen fila para utilizar las instalaciones sanitarias. La buena noticia es que la mayoría de las decisiones que tienes que tomar en este caso son bastante rápidas y te ahorrarán tiempo.

¿Regadera o Tina?

¿Alguna vez te has preguntado por qué los escandinavos creen ciegamente en meterse en un baño sauna caliente seguido de una zambullida en agua helada? Esto es porque se cree que ayuda a la circulación; el calor lleva la sangre a la superficie del cuerpo y el frío la lleva de regreso a su interior. ¿Así pues, por qué no intentar saltar a la regadera y ajustar la temperatura del agua para ayudar a la circulación? Eso también conlleva el beneficio adicional de estimular el flujo de sangre hacia tu cerebro debido a que tu cabeza está expuesta a los chorros de agua; también dirigir el agua caliente a los músculos contraídos o adoloridos actúa como un masaje.

Un baño en regadera o tina de cinco a diez minutos añadirá humedad a la piel, pero un tiempo mayor en el agua podría dejarla menos hidratada de lo que estaba antes de iniciar el baño, de acuerdo con la Academia Americana de Dermatología. Para contrarrestar los efectos de una humectación prolongada en la regadera o la tina, la Academia recomienda utilizar un jabón o enjuague corporal que contenga humectantes y luego frotar con una crema o loción hidratante la piel todavía húmeda, después que te hayas secado con la toalla.

Los gurús de los estilos de vida dicen que darse una ducha emplea menos agua, un recurso precioso conforme la población mundial aumenta y la demanda en los países en desarrollo se incrementa. Ya que la higiene personal representa una tercera parte de los requerimientos de agua en el Reino Unido, tiene mucho sentido utilizar tan poca como sea posible, pero tal como indica el Departamento de Medio Ambiente, Alimentos y Asuntos Rurales (DEFRA por sus siglas en inglés), un baño en regadera por lo general utiliza alrededor de nueve litros por minuto, y si permanecemos más de diez debajo de ella, podríamos usar más agua que en un baño de tina (el cual, dependiendo del tamaño de la tina, emplea unos ochenta litros). Los ecologistas entusiastas pueden navegar en Internet en busca de relojes con interruptores automáticos para regaderas y cubetas plegables con el fin de recoger el agua usada para el jardín o para bañar al perro, a modo de economizar el tiempo que se usa la regadera. No son buenas noticias para los amantes de un baño prolongado y relajante, así que si se trata de una de tus preferencias lee *Lo último del día* para enterarte de algunos consejos sobre cómo obtener el máximo beneficio de un baño.

RESPUESTA: Baño en regadera.

¿Sabías que...?:

El agua promedio utilizada en Inglaterra es de alrededor de 150 litros por persona al día. Eso equivale a tener 150 litros de leche en tu puerta. Es mucho más que la cantidad promedio de agua utilizada en los países europeos como Alemania y Holanda. Por ejemplo, en Alemania el uso promedio de agua por persona al día es de 127 litros.

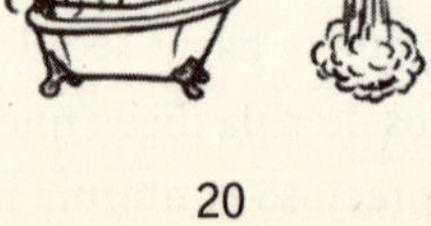

¿Depilación definitiva o temporal?

Existen tantas maneras de depilar las piernas, axilas y línea del bikini velludas, todas ellas con diversos pros y contras, que resulta difícil determinar cuál es la adecuada y cuál la incorrecta. Para una solución temporal a corto plazo, las navajas para afeitar son convenientes y rápidas para las piernas y las axilas, pero es probable que no quieras usarlas para la línea del bikini o el rostro. Una afeitada también puede ocasionar irritación, cortadas e incluso infecciones si la navaja no se mantiene limpia. Rasúrate en la dirección en que crece el vello y asegúrate que tu piel se mantenga húmeda. Considera utilizar un aceite para afeitar (del tipo que usan los hombres para el rostro); al terminar aplica una loción corporal para mantener tu piel suave y tersa.

En lo que respecta a las soluciones duraderas, las cremas depiladoras son más sucias y requieren más tiempo para utilizarse pero son una mejor opción para las áreas más pequeñas y sensibles. Actúan disolviendo el vello, convirtiéndolo en una sustancia similar a la gelatina que puede desecharse con facilidad y también contienen humectantes para suavizar la piel. A pesar de que los químicos que contienen pueden ser muy olorosos, la industria las ha mejorado elaborándolas con fragancias y también desarrollando productos diversos como aplicadores de bolita, aerosoles y otros que pueden usarse en la regadera. El vello que vuelve a crecer es más suave pero no crece más lentamente que con la afeitada; además, las cremas pueden ocasionar irritación o reacciones alérgicas: siempre prueba primero con una pequeña aplicación en la piel. Las cremas son más sucias, requieren más tiempo y son más costosas que una navaja de afeitar.

La depilación con cera es buena ya que arranca el vello desde la raíz, ¡ouch! Para las personas miedosas, las visitas al salón son la opción obvia, pero son caras, consumen mucho tiempo y, desde luego, no es algo que puedas hacer todos los días. Lo mismo puede decirse de la electrólisis y la depilación con láser.

RESPUESTA: Depilación con navaja de afeitar (cuando sea lo adecuado).

¿Sabías que...?:

Al utilizar una navaja de afeitar, a tus piernas y axilas les crecerá de nuevo el vello de manera más lenta que si usas cremas o lociones. Sin embargo, la afeitada hace que el vello nuevo se sienta más espinoso ya que ha sido rebanado en ángulo. Por otro lado, las cremas y lociones disuelven el vello, haciendo que el nuevo sea más suave. El vello caucásico normal crece a un ritmo de entre 1 y 1.25 centímetros cada veintiocho días.

¿Subirse a la báscula o medir tu cintura?

Si estás vigilando tu peso y te paras sobre la báscula en la mañana, quizá sea mejor conseguir una cinta métrica para averiguar si estás acumulando kilos de más. Los científicos estudian esto de manera intensa debido a las preocupaciones internacionales por la obesidad y porque los resultados pueden ser confusos.

Una forma de determinar si tienes sobrepeso o no consiste en calcular el Índice de Masa Corporal (IMC), es decir, tu peso en relación con tu estatura. Para calcularlo, divide tu peso en kilos entre tu estatura en metros. Diversos sitios de Internet efectúan el cálculo por ti: Simplemente busca en Google "IMC". Un IMC entre 18.5 y 25 indica un peso saludable.

Algunos médicos argumentan que la circunferencia de la cintura es una medida más útil con la cual evaluar el exceso de peso: "grasa alrededor de la cintura" es la señal de peligro real. Un vientre grasoso quizá tenga órganos grasos debajo de él, lo cual, en especial para el hígado, puede ser riesgoso.

Así tenemos, por ejemplo, que mientras un estudio efectuado en marzo de 2011 por médicos británicos no está de acuerdo con esto, uno más reciente de junio de 2011, llevado a cabo en Estados Unidos, afirma que la medida de la cintura es un indicador más confiable de problemas relacionados con la obesidad, como padecimientos cardiacos y diabetes: cualquier medida por arriba de 80 centímetros (31.5 pulgadas) para las mujeres y 94 centímetros (37 pulgadas) para los hombres, incrementa el riesgo. ¿No sabes con seguridad cuánto mide tu cintura? Encuentra la parte superior del hueso de tu cadera y la parte baja de tus costillas y pasa la cinta métrica alrededor del punto medio, cerca de tu ombligo.

¿Qué método escoger? Para calcular tu IMC tienes que ser bueno para efectuar cálculos mentales aritméticos o tener acceso a una calculadora en la red. Como alternativa, sólo admite que tus pantalones de mezclilla realmente te quedan más ajustados y busca la cinta métrica. Ambos te ayudarán a determinar si necesitas bajar de peso, pero yo sé cuál me parece más fácil.

RESPUESTA: La circunferencia de la cintura.

¿Enjuague bucal o hilo dental?

El enjuague bucal tiene un sabor muy refrescante y es sencillo de usar, pero existe poca evidencia de que mejore la salud dental, aunque aquellos que contienen clorhexidina, un antiséptico, pueden aliviar algunas infecciones. Sin embargo, deben usarse sólo por periodos cortos, ya que pueden manchar tus dientes. Existen pruebas de que los enjuagues bucales pueden ayudar a mejorar de manera temporal el mal aliento y que los movimientos al enjuagarse y escupir pueden limpiar pequeñas partículas de alimentos después de cepillarse los dientes.

Los dentistas en todo el mundo recomiendan el hilo dental para eliminar el sarro y las bacterias dentales, y el enjuague bucal no es un sustituto. Utiliza el hilo dental con un movimiento circular, no lo muevas como aserrando hacia arriba y hacia abajo ya que podría dañar tus encías. Si se te dificulta usar hilo dental, prueba los cepillos interdentales disponibles en las farmacias. Es adecuado utilizar el hilo dental al menos una vez al día, de preferencia antes de acostarte, pero si se te olvidó la noche anterior es conveniente hacerlo por la mañana.

RESPUESTA: Usar hilo dental.

¿Cepillo de dientes manual o eléctrico?

En esencia no tiene nada malo el cepillo de dientes manual. De acuerdo con la Asociación Dental Británica, es la manera como te cepillas los dientes lo que importa: utiliza movimientos circulares pequeños. Un cepillo eléctrico hace que esto sea mucho más sencillo, y si compras uno con interruptor automático es más probable que te apegues a los dos minutos de tiempo que se recomienda cepillar los dientes. Un resumen de los estudios de la organización Cochrane Collaboration (un organismo internacional reconocido que revisa de forma sistemática las investigaciones acerca de la salud) al comparar cepillos de dientes eléctricos, sugiere que aquellos que emplean una oscilación rotatoria (donde la cabeza del cepillo rota en una dirección y luego en otra) reducen la inflamación de las encías y ayudan a eliminar el sarro dental. Algunos dentistas recomiendan que los niños pre-adolescentes sigan utilizando el cepillo manual, a menos que sean supervisados: si lo hacen solos, podrían pasar muy rápido el cepillo por su boca, dejando de lado el objetivo de limpiar cada diente con lentitud. Esto es lo peor de ambos mundos.

RESPUESTA: El cepillo eléctrico.

¿Pasta dental normal o blanqueadora?

Los fabricantes de pasta dental hacen todo tipo de aseveraciones sobre sus productos pero en realidad no hay muchas opciones a escoger. Las pastas blanqueadoras son más abrasivas que los otros tipos de pasta, y aunque pueden lograr una ligera mejoría en algunas personas, pueden dañar sus dientes. El ingrediente esencial en una pasta dental es el fluoruro que previene la caries, en especial si vives en una zona donde existe un abasto de agua insuficiente. En el Reino Unido, por ejemplo, podrías investigar en el sitio de Internet de la DEFRA. Existen tratamientos caseros para blanquear los dientes, pero por lo general contienen cloro y deben emplearse con cuidado. Si en verdad deseas blanquear tus dientes lo mejor es consultar a un dentista.

RESPUESTA: Pasta normal.

¿Sabías que...?:

El fluoruro es un químico extremadamente poderoso que puede dañar los dientes de los niños antes de que les salgan, ocasionando fluorosis dental. Las manchas resultantes deforman los dientes y no son tratables excepto en la edad adulta con cirugía dental cosmética. Los fabricantes elaboran pasta de dientes con sabor a frutas para animar a los niños pequeños a cepillarse los dientes, pero sólo es necesaria una pequeña cantidad de fluoruro para proteger los dientes de las caries, así que es importante que los niños pequeños escupan la pasta en lugar de ingerirla; el daño es causado internamente antes de que salgan los dientes, no en su superficie.

¿Desodorantes y antitranspirantes en aerosol, bolita o barra?

Los antitranspirantes y desodorantes vienen en diversas presentaciones y tienen diferentes funciones. El desodorante se encarga del olor que las bacterias de la piel producen en nuestras axilas; los antitranspirantes hacen lo mismo, además de prevenir que sudes. Si no eres una persona que sude en exceso, un desodorante debería ser suficiente. Un estudio en Dinamarca sugiere que las fragancias en un desodorante pueden ocasionar más reacciones alérgicas que en otros productos, por lo que en este caso podría ser mejor idea encontrar una marca que utilice fragancias con esencia de plantas en lugar de químicos, o bien optar por un tipo de desodorante sin fragancia.

Se cree que los antitranspirantes bloquean los poros de la piel, por lo regular mediante el uso de sales de aluminio. Los temores de que éstas sean perjudiciales para la salud también parecen ser infundados, aunque algunos productos de aluminio ocasionan manchas amarillas en la ropa. Busca marcas que contengan cantidades pequeñas de aluminio o que estén libres de él. Si la idea de tener químicos en tu piel te desagrada, prueba una marca que emplee ingredientes naturales, a la venta en las tiendas de alimentos saludables u orgánicos.

Los antitranspirantes y desodorantes en aerosol solían tener mala fama porque el mecanismo del aerosol contenía clorofluorocarbonos (CFC), los cuales contribuyen al adelgazamiento de la capa de ozono, (una barrera protectora contra los rayos dañinos del sol), pero los CFC fueron prohibidos en 1994 y en la actualidad ya no son motivo de preocupación.

Las alarmas también sonaron cuando los antitranspirantes y desodorantes fueron relacionados con el cáncer de seno, pero esa idea fue desechada por varias revisiones confiables de la investigación.

La desventaja de los aerosoles, como puede atestiguar cualquier padre con un hijo adolescente que acaba de empezar a usarlos, es que estos son menos precisos, de ahí el aroma tan penetrante en el baño. También son voluminosos y están sujetos al control de equipaje de las aerolíneas, lo cual puede ser muy molesto cuando sales de vacaciones. Los desodorantes de bolita, los cuales el Sistema Nacional de Salud de Gran Bretaña afirma son más eficaces que los aerosoles, tienden a ser un poco menos sucios y contaminantes, pero pueden requerir más tiempo para secar, así que el riesgo de manchas residuales en tu ropa es mayor.

Las variedades de desodorante en barra (o sólidos), que se parecen a un lápiz labial gigante y que en la actualidad son los más populares en Estados Unidos, evitan muchos de los inconvenientes de los desodorantes en aerosol y de bolita y, en mi experiencia, no tienen ningún inconveniente. Se encuentran disponibles en abundancia en los supermercados y las farmacias, y se pueden buscar marcas que contengan ingredientes naturales en las tiendas de productos saludables.

RESPUESTA: El desodorante en barra.

¿Humectantes y cosméticos con o sin protección solar?

Los cosméticos que contienen protección solar podrían parecer simples trucos publicitarios, en especial si vives en un clima más frío, pero es importante estar consciente de la intensidad de los rayos ultravioleta (UV) del sol, ya que estos son los que nos ocasionan daño.

Los rayos UVA están presentes todo el año, incluso si vives a gran distancia del ecuador. Estos rayos dañan la piel por debajo de la capa superficial, lo cual provoca el envejecimiento y puede incrementar el riesgo del cáncer en la piel. La protección UVA está indicada con estrellas en los productos, así que debes buscar al menos cuatro.

Los rayos UVB aumentan al máximo durante los meses de verano y pueden ocasionar quemaduras de sol, envejecimiento y cáncer en la piel. Así que es una buena idea usar cosméticos que contengan un factor de protección solar de grado 15 o más para protegernos de estos dañinos rayos. Esto no es un sustituto para el grado más fuerte de protección solar necesario en verano, por ejemplo, en vacaciones, pero algo ayuda.

(Para mayor información acerca de la protección solar véase Comida, en la página 96).

RESPUESTA: Con protección solar.

¿Humectar por la mañana o por la noche?

Existe una gran cantidad de información para respaldar el uso de humectantes, los cuales ayudan a mantener las capas de la superficie de la piel hidratadas con emulsiones oleoacuosas. Pero, ¿es mejor emplearlas en el día o en la noche? Ambas opciones hacen el mismo trabajo y tu edad, tipo de piel y el medio ambiente en el cual pasas la mayor parte de tu tiempo determinarán qué es lo mejor para ti. Ten en cuenta que las cremas nocturnas tienden a ser más espesas y pueden tapar tus poros, algo inadecuado si eres propenso a los granos, pero si te gusta usarlas y sientes que funcionan, no hay razón para no hacerlo. Ten cuidado con el mantra: "Tu piel se repara a sí misma durante la noche". Sí, nuestros cuerpos necesitan dormir, pero no tiene nada de especial lo que tu piel hace por la noche. Su proceso de renovación natural se lleva a cabo todo el tiempo. Algunas cremas de día ofrecen protección solar y actúan como una buena base para el maquillaje, así que si vas a aplicar un humectante sólo una vez al día, es probable que lo mejor sea hacerlo por la mañana.

RESPUESTA: De mañana.

Hora de vestirse

Vaya dolor y furia que puede desencadenar la sencilla pregunta: "¿Qué debo ponerme?" Un consejo que todo mundo debería saber es: sea lo que sea que vayas a ponerte, decídelo la noche anterior.

¿Pantimedias o medias?

Si no eres propensa a brotes de aftas vaginales (candidiasis), sáltate esta sección y usa todo lo que te gusta. Pero si padeces de aftas, una infección con hongos muy común que provoca una secreción blanca, cremosa y una comezón intensa, las medias podrían ayudar (también pueden hacerte ver más sexy.) La micosis se desarrolla muy bien en el calor y la humedad, exactamente las condiciones creadas por las pantimedias, los pantalones de mezclilla o los pants ajustados, en especial si contienen nylon. Las aftas se pueden tratar con cremas que no necesitan receta médica (es importante continuar su uso varios días después de que los síntomas desaparezcan), pero si tienes más de tres o cuatro brotes en un año, pídele a tu médico que investigue lo que podría estar ocasionándolo. Algunas mujeres creen que ayuda comer yogur natural con probióticos o empapar un tampón con él; sin embargo, no existen evidencias importantes para respaldarlo.

RESPUESTA: Las medias.

¿Tacones o zapatos planos?

Los zapatos sin tacón pueden parecer más apropiados que los de tacón, pero esto no necesariamente es cierto. Las zapatillas tipo ballet están de moda pero ofrecen poco apoyo para el pie y la falta de una correa puede forzar que los dedos tomen la forma de "garra" para sujetarse e impedir que los zapatos se salgan. Los podólogos y podiatras recomienda los zapatos sin tacón y con correa al estilo Mary Jane; o si deseas tacones, prueba los estilos Gladiador con correas. Los tacones deben ser firmes y gruesos para la absorción del impacto y los zapatos deben tener un arco de soporte para mantener el pie en su lugar.

En el otro extremo, los tacones muy altos acortan los músculos de la pantorrilla y las mujeres que los usan todo el tiempo podrían tener dificultades y dolores cuando cambien a calzado deportivo o caminen descalzas. Mientras más alto sea el tacón, mayor será la presión en la bola del pie, lo que puede ocasionar desde ampollas y callosidades hasta graves dolores de pies, rodillas y espalda. No hay nada como un par de sensuales zapatillas de tacón alto para ayudar a las mujeres a sentirse más confiadas y glamorosas, pero los expertos aconsejan cambiar el tipo de calzado y la altura del tacón día con día. En cuanto a los zapatos de uso diario, mantén la altura de tu tacón entre unos tres y cinco centímetros.

RESPUESTA: Tacones entre 3 y 5 centímetros.

¿Sabías que...?:

En las culturas donde las personas no usan zapatos, no existen deformidades de los pies como el dedo en martillo o el dedo en garra.

LOS EXPERTOS OPINAN

La destacada escritora de moda, Jess Cartner-Morley, tiene un consejo excelente para ahorrar tiempo al decidir qué usar en la mañana: primero escoge las prendas exteriores, aún cuando sea lo último que te pongas encima. Si es un día frío y húmedo y vas a salir, opta por unas botas y un impermeable o un abrigo; luego escoge lo que combine con eso para usarlo debajo. Un día de reuniones importantes podría implicar una par de zapatillas de tacón alto, con tu mejor saco. Es mucho más sencillo combinar los detalles de cuál blusa, pantalón o falda podría completar tu apariencia que vestirte y darte cuenta que no tienes zapatos o un abrigo que se vea bien con lo que ya te has puesto encima.

Algo extra

Si te has organizado lo suficiente para que tanto tú como tu familia estén listos sin ninguna dificultad, ¿qué podrías hacer con el tiempo extra que te haya sobrado?

¿Ejercicio por la mañana o por la tarde?

Tener tiempo para ejercitarse a menudo parece imposible cuando uno lleva una vida muy ocupada, pero si deseas tener una mejor condición o reducir tu peso, necesitas acelerar tu ritmo metabólico (el ritmo al cual tu metabolismo quema energía), y sudar y acalorarse es un buen indicador. Cuando haces ejercicio, tu ritmo metabólico se incrementa al "tope", luego de manera gradual regresa con gran lentitud a su nivel basal (de descanso), quemando calorías durante varias horas. El destacado entrenador de acondicionamiento físico, Matt Roberts, sugiere desayunar, luego, más o menos una hora más tarde, hacer ejercicio durante media hora. De esta manera tu cuerpo habrá tenido tiempo para digerir la comida. El *podcast* gratuito del Sistema Nacional de Salud, "Entrenando para los 5 kilómetros", es una manera moderada de comenzar a correr. Entra a nhs.uk/livewell para mayores detalles.

Si haces ejercicio muy temprano por la mañana será menos probable que te distraigan todas las actividades del día que arruinan tus planes de ir al gimnasio, nadar o salir a correr. Los expertos del sueño también recomiendan ejercitarse lo más temprano posible en lugar de por la tarde, ya que la actividad física estimula tu cuerpo y podría hacer más difícil que concilies el sueño. Pero si no te es posible, no lo uses como una excusa para no hacer nada, ya que tu ritmo metabólico se volverá más lento y quemará calorías con menos eficiencia. Ejercitarse en cualquier momento del día es mejor que no hacer nada.

RESPUESTA: Ejercitarse por la mañana.

¿Deben los niños ver televisión por la mañana o más tarde?

Un estudio descubrió que los niños de madres trabajadoras pasan más tiempo viendo televisión que aquellos con madres que permanecen en casa. Esto no debe sorprendernos, y cualquier persona que se esmera por hacer magia para compaginar las obligaciones del trabajo y la familia podría estar de acuerdo. Pero pregunta a cualquier psicólogo experto en niños o a un padre bien organizado cómo se las arreglan para ir al trabajo y llevar a sus hijos a la escuela a tiempo, y la "nana de un solo ojo", la televisión, no sería la respuesta. Se trata de un esfuerzo de equipo y aun los niños pequeños pueden contribuir si aprenden a vestirse ellos mismos, o si los niños más grandes aprenden a preparar su almuerzo y a encontrar sus artículos deportivos. Permitir que sólo vean televisión puede provocar pleitos para escoger programas y berrinches cuando uno de los padres cambia el canal a la mitad del programa que están viendo.

Para ahorrarte un gran número de problemas en la mañana, la noche anterior organiza todo lo que necesites para iniciar a toda prisa el día por venir.

RESPUESTA: Ver televisión más tarde.

Hora del desayuno

SE HA DICHO EN OCASIONES que el desayuno es la comida más importante del día, pero los fabricantes de cereales para el desayuno y otros productos similares lo afirman todavía con más fuerza: están muy interesados en llenarnos con lo que a menudo son productos azucarados elaborados principalmente a base de féculas. No obstante, es importante comer algo de alimento poco después de haber despertado. La mayoría de los nutriólogos están de acuerdo que no comer nada antes del almuerzo produce niveles bajos de azúcar en la sangre y reduce la concentración.

Las investigaciones también indican que aquellas personas que no desayunan están más propensas a subir de peso. Así que el desayuno es una buena idea, ¿pero qué es lo que deberías comer y beber? Este capítulo te ayudará a abrirte paso a través del enorme número de opciones, tanto en casa como de camino al trabajo. Si en verdad no soportas comer algo a primera hora de la mañana, intenta prepararte un sándwich de mantequilla de cacahuate o de jamón sin grasa con pan integral para llevarte al trabajo o al menos llévate un plátano. Otra opción saludable y barata consiste en tener en el trabajo, si es posible, un paquete de cereal integral, bajo en azúcar, además de algo de leche, yogur o jugo en el refrigerador, si tienes acceso a alguno. Esto puede ayudarte a resistir la tentación de media mañana de los alimentos grasosos o azucarados de la cafetería o de las máquinas expendedoras de golosinas.

Hora del desayuno

[illegible]

¿Qué bebida tomar?

En ocasiones esta es la primera decisión que tomas en la mañana: ¿té o café? Es una decisión personal, pero aquí presentamos algunos hechos que te pueden ayudar.

¿Bebidas descafeinadas o con cafeína?

Demasiada cafeína puede alterarte los nervios e impedir que duermas; acelera tu ritmo cardiaco e incluso puede provocarte palpitaciones. Pero como saben todos los que no pueden pararse de la cama en la mañana sin una taza de té, éste también estimula el sistema nervioso central; el café o el té (negro, verde o blanco) te dará ese pequeño impulso que puede ayudar a mantenerte alerta al inicio del día. Un estudio publicado por científicos de Harvard en septiembre de 2011 encontró que las mujeres que bebían dos o tres tazas de café al día eran menos propensas a sufrir depresión.

No existen normas oficiales para el consumo de cafeína, excepto que las mujeres embarazadas deben limitarse a 200 miligramos al día debido a que la ingestión elevada se ha asociado con el aborto. Aquellas personas que padecen de hipertensión o ansiedad deberían también abstenerse de ingerirlo. ¿Cuál es la cantidad adecuada para ti? Eso depende de lo que decidas, pero los expertos en nutrición sugieren cuatro o cinco bebidas con cafeína al día y también que debes tomar la última en la tarde.

Pero recuerda tener en cuenta las diferentes concentraciones de las bebidas con cafeína. Una investigación del gobierno del Reino Unido acerca de los niveles de cafeína en las bebidas indicó desde 1 miligramo para el té más ligero hasta 254 miligramos para la taza de café molido más cargada. No olvides que las bebidas de cola, el chocolate y el guaraná también contienen cafeína.

RESPUESTA: Bebidas con cafeína.

¿Sabías que...?:

¿Cuánta cafeína hay en cada una de las siguientes bebidas?

Una taza de café instantáneo . . . . .100 mg
Una taza de café filtrado . . . . .140 mg
Una taza de té . . . . 75 mg
Una lata de refresco de cola . . . . 40 mg
Una lata de bebida energética . . . . 40 mg
Una barra de 50g de chocolate oscuro . . . . .unos 50 mg
Una barra de 50g de chocolate de leche . . . . . .unos 50 mg

¿Jugo fresco o de concentrado?

Si estás confuso por todas las opciones de jugo que se ofrecen, aquí te presento la información completa:

- El jugo de concentrado se elabora al pasteurizar (tratamiento a base de calor para eliminar las bacterias dañinas) el jugo exprimido y evaporar la mayor parte del contenido de agua. Luego, el producto concentrado se congela y posteriormente se le agrega agua para convertirlo de nuevo en jugo.

- El jugo que tiene la etiqueta "no de concentrado" es aquel al que no se le ha reducido el agua pero está pasteurizado.
- El jugo recién exprimido no está pasteurizado (o sólo lo está ligeramente), por lo cual debe permanecer en el refrigerador tan pronto como se compre y tiene un periodo de vida más corto.

Los fanáticos de los alimentos saludables argumentan que cualquier forma de procesamiento como el concentrado o la pasteurización ocasiona pérdidas de nutrientes del jugo, y eso es verdad hasta cierto punto. Si te es posible comprar jugo recién exprimido o tienes tiempo para exprimirlo tú mismo todas las mañanas, pues adelante; sin embargo, los jugos elaborados de concentrados son una elección saludable, conveniente y económica. Existen muchas afirmaciones relacionadas con la salud para diferentes jugos, pero la regla básica es: bebe sólo un vaso de 150 mililitros al día. Debido a su alto contenido de azúcar y ácido ocasiona aumento de peso y es perjudicial para tus dientes. Selecciona jugos elaborados con un solo tipo de fruta; a las variedades mezcladas se le pudieron haber agregado más frutas azucaradas, como plátano o manzana. Únicamente las variedades que afirman que son 100% jugo están libres de aditivos, incluido el azúcar.

RESPUESTA: Jugo de concentrado.

¿Qué comer?

Hay muchas decisiones que tomar cuando estás en el supermercado: por lo general cuando estás de prisa y necesitas una solución rápida. No obstante, el desayuno es la única comida que puedes escoger con gran facilidad.

¿Cereal o huevos?

Si deseas un desayuno fácil, el cereal es quizá la opción más rápida, pero los huevos, cuando están cocidos, tibios, revueltos o estrellados con poca cantidad de aceite, también son una comida rápida. ¿Cuál es la mejor opción para tu salud? Los huevos son bajos en calorías, ricos en proteína y una buena fuente de vitaminas y nutrientes. A pesar de que contienen colesterol, no es de la clase potencialmente dañina, y, contrario a la sabiduría popular, no existe una norma precisa acerca del número que puedes comer. Por otro lado, el cereal puede estar saturado de azúcar, aun las llamadas opciones "saludables" como la granola y las hojuelas de trigo con pasas. Si lo escoges como desayuno, opta por las variedades integrales, sin azúcar agregada, y siempre revisa la caja del empaque para ver si contiene otros ingredientes añadidos. O bien ahórrate el trabajo de detective: coloca un huevo en una olla y cúbrelo con agua fría; luego ponlo a hervir mientras metes una rebanada de pan integral en la tostadora. Hierve el huevo por uno o dos minutos, dependiendo de qué tan cocido te guste, unta el pan tostado con un poco de margarina o aceite de oliva, luego córtalo en tiritas y úsalo para acompañar el huevo.

RESPUESTA: Los huevos.

¿Multigrano o integral?

El pan, los cereales, la pasta y el arroz a menudo son elaborados con granos a los cuales se les han quitado las capas exteriores, dejando sólo la fécula central, conocida como un carbohidrato refinado. Se trata de una importante fuente de energía, pero los profesionales de la salud nos exhortan a elegir fuentes de carbohidratos a partir de granos integrales ya que son más nutritivas. El salvado, la capa exterior del grano, es rica en fibra e impide que el sistema digestivo se obstruya, mientras que la capa interna, el germen, es rica en nutrientes. La denominación "multigrano" o "con semillas" da la impresión de que está repleta de estas bondades, pero significa muy poco. Una rebanada de pan multigrano podría estar elaborada con harina refinada con algunos granos o semillas arrojados dentro, mientras que el pan o el cereal integral debería contener un mayor porcentaje de productos a base de granos enteros.

RESPUESTA: Pan integral.

¿Sabías que...?:

Medio litro de leche baja en grasa (que incluye la leche semidescremada, la leche descremada al 1% y la leche descremada) contiene el 100% de nuestros requerimientos diarios de calcio bueno para los huesos. De hecho, la leche baja en grasa contiene un poco más de calcio que la leche entera y la misma cantidad de proteína para ayudarte a que te sientas satisfecho por más tiempo y para formar músculo. Si te parece que la leche descremada es demasiado líquida y delgada, prueba la variedad con 1% de grasa, la cual tiene menos grasa que la leche semidescremada, con 1.7%.

¿Yogur probiótico o regular?

Todos los tipos de yogur contienen bacterias "vivas", pero no todos contienen probióticos (bacterias "amigables" que contribuyen a mantener nuestro intestino saludable, y un intestino saludable es importante para nuestro bienestar general). Los probióticos se encuentran principalmente en los productos lácteos (busca en la etiqueta *lactobacilos* o *bifidobacterias*). Los probióticos parecen ayudar a las personas que padecen de diarrea y del síndrome del intestino irritable; menos convincentes resultan ser las afirmaciones de que pueden ejercer un efecto sobre las enfermedades autoinmunes como el asma.

Aunque no existen todavía suficientes evidencias que demuestren que los probióticos son mejores si se toman como parte de nuestra dieta diaria o como suplementos, es evidente que necesitan tomarse de manera regular, la palabrería rara acerca del yogur con probióticos no es algo que marque una gran diferencia. Sin embargo, como el yogur también es un alimento abundante en proteína y calcio, es una opción saludable en tanto la variedad que elijas no esté saturada de grasa o azúcar extra; en ese caso no hay ningún problema en que forme parte de tu dieta regular.

Con frecuencia, cuando hablamos de probióticos también hablamos de los prebióticos, una forma de carbohidratos que se encuentra en algunas frutas y verduras, la cual ayuda a promover el crecimiento de los probióticos en los intestinos. De nueva cuenta, existen algunas investigaciones que sugieren que podrían ayudar en los problemas digestivos. Añade algo de plátano rebanado al yogur con probióticos y obtendrás algo de prebióticos de regalo.

RESPUESTA: Los probióticos.

¿Mantequilla de cacahuate normal o baja en grasa?

La mantequilla de cacahuate es un buen alimento para untar en tu pan tostado en el desayuno debido a que contiene proteína relativamente abundante y te mantendrá activo por más tiempo que el jamón o la miel. A pesar de que los cacahuates en realidad no son nueces sino más bien pertenecen a la familia de las leguminosas, como los garbanzos y las lentejas, contienen grasas monoinsaturadas, una clase saludable de grasa, y una gran cantidad de nutrientes. Ya que una porción de 20 gramos de mantequilla de cacahuate contiene sólo 50 calorías, las marcas sin sal o azúcar agregada son un buen alimento para untar en el desayuno, en especial en una rebanada de pan tostado integral. ¿Entonces las marcas bajas en grasa son más saludables? No necesariamente. Los fabricantes de alimentos que reducen la grasa en sus productos pueden compensar la disminución del sabor con endulzantes baratos, como la maltodextrina. En lugar de aprovechar los beneficios que ofrecen los cacahuates estarás consumiendo carbohidratos sin valor nutricional y más azúcar.

RESPUESTA: La mantequilla de cacahuate normal.

¿Mantequilla o crema para untar?

Una porción de mantequilla de 40 gramos, —aproximadamente del ancho de un dedo en una barra de 250 gramos—, contiene los 20 gramos diarios de grasa saturada con colesterol permitidos a las mujeres, además de unas significativas 300 calorías. El suero de mantequilla, empleado en la cocina del subcontinente hindú, también contiene una gran cantidad de grasa saturada. Mientras que también contienen una gran cantidad de calorías, el aceite de girasol y el de oliva contienen grasas poliinsaturadas y monoinsaturadas. Si no puedes resistirte a la mantequilla, mantenla a temperatura ambiente ya que es más fácil de untar y también usarás menos. O también compra una versión untable, aunque contiene aceite para volverla más suave.

RESPUESTA: Crema para untar.

¿Pan tostado con Nutella o *croissant* de chocolate?

La crema para untar Nutella con chocolate y avellana parece una amenaza muy mala, pero un par de rebanadas de pan tostado integral con una cucharadita colmada contiene unas 280 calorías, las misma apenas que un *croissant* de chocolate del Starbucks, por ejemplo. La nutela se derrite en la boca de forma deliciosa porque consiste en grasa, carbohidratos refinados y azúcar. El pan tostado integral con Nutella proporciona más fibra, proteína y nutrientes, así que te mantendrá satisfecho por más tiempo.

RESPUESTA: El pan tostado con Nutella.

¿Muesli o granola?

Ambos parecen saludables, pero ten cuidado: el muesli y la granola contienen una gran cantidad de calorías y pueden tener mucha azúcar agregada, así como nueces, las cuales contienen mucha grasa. En tanto que el muesli y la granola contienen un gran número de ingredientes saludables como avena, semillas, nueces y frutas secas, la granola acumula calorías y grasa extra debido a que los ingredientes están cubiertos con una mezcla de aceite y azúcar o almíbar, que luego son horneados, así que es mejor elegir el muesli.

Si vas de compras a la tienda, revisa los ingredientes y escoge las marcas donde la cantidad de azúcar y nueces sea reducida. Algunas cadenas de restaurantes venden la granola con yogur y le añaden puré de frutas. De nuevo, estos tentadores platillos contienen un gran impacto calórico. En una cadena británica, por ejemplo, el muesli Bircher proporciona 304 calorías y 9.7 gramos de grasa y su granola con yogur brinda 579 calorías y 20 gramos de grasa.

RESPUESTA: El muesli.

Suplementos alimenticios

¿Jugo de arándano o un suplemento?

La cistitis es una infección urinaria dolorosa y molesta que afecta a muchas mujeres y puede, si no se trata, terminar en una hospitaliza-

¿Sabías que...?:

El té verde, el jugo de naranja y los arándanos contienen una gran cantidad de antioxidantes. Algunas personas creen que estos nutrientes acaban con sustancias perjudiciales denominadas radicales libres, los cuales se producen de manera natural en los procesos químicos de nuestro cuerpo, pero están asociados con enfermedades como el cáncer y el Alzheimer, así como con el envejecimiento. Los antioxidantes de hecho se encuentran en muy diversos tipos de alimentos como los mariscos, las nueces, las frutas, las verduras y el té, en especial el té verde (para mayor información al respecto consulte Bebidas y golosinas fortificantes, página 73), y también en los suplementos alimenticios, a pesar de que no existen evidencias que prueben que estos últimos tienen los mismos efectos que los que se encuentran en los alimentos. Nadie podría argumentar que nuestra salud no se beneficia de una dieta rica en frutas y verduras, pero los científicos no están seguros de la función desempeñada por los antioxidantes: la evidencia acerca de sus propiedades para combatir el cáncer es contradictoria. Algunos estudios sugieren que los antioxidantes podrían tanto promover el crecimiento de las células cancerosas, como inhibirlas.

ción. El jugo y las cápsulas de arándano tienen fama de ser una cura eficaz. La teoría es que un componente de las bayas acaba con las bacterias dañinas que se pegan a las paredes de la vejiga. Un análisis más a fondo de varios casos efectuado en 2009 por la organización Cochrane Collaboration, sugiere que el jugo de arándano podría prevenir las infecciones recurrentes en las mujeres, pero no curarlas. Una investigación más reciente sugiere que las cápsulas, más que el jugo, podrían ser más eficaces: la cantidad sugerida son 200 miligramos de extracto de arándano. En definitiva, si padeces de cistitis valdría la pena que hicieras la prueba. Con frecuencia, la cistitis recurrente puede requerir un tratamiento con antibióticos.

RESPUESTA: El suplemento alimenticio.

¿Suplemento de aceite de pescado o un multivitamínico?

Existe una gran cantidad de información confusa acerca de las vitaminas y los suplementos alimenticios, lo cual no es nada sorprendente dado que son un gran negocio. Si te encuentras en una condición física razonablemente buena y saludable, y llevas una dieta bien balanceada con abundancia de frutas y verduras frescas, granos integrales, algunos productos lácteos y proteína magra, probablemente no vale la pena gastar en multivitamínicos. Puedes obtener la cantidad diaria recomendada de 80 miligramos de vitamina C, por ejemplo, de una naranja grande. De todos modos, las vitaminas B y C son solubles en agua, así que tu valioso suplemento terminará en su mayoría arrastrado por el agua del retrete. Otras vitaminas se almacenan en el cuerpo por más tiempo: en especial, la vitamina A puede ser perjudicial en cantidades excesivas respecto a la dosis diaria recomendada. (Se puede ver en el frasco o el paquete qué cantidad de la dosis diaria recomendada contiene cada suplemento. Para más información acerca de las dosis diarias recomendadas se puede ver toda la verdad sobre la nutrición, página 193.)

El aceite de pescado contiene ácidos grasos omega 3, que son esenciales para nuestra salud y pueden contribuir a reducir la presión sanguínea y el colesterol. Ya que actúan como antiinflamatorios, también pueden ayudar a aliviar los dolores en las articulaciones. Se ha sugerido que el omega 3 podría mejorar las funciones cerebrales pero aún no existen evidencias concluyentes al respecto. A pesar de que no hay una dosis diaria recomendada de aceite de pescado, en el Reino Unido, por ejemplo, la recomendación oficial consiste en comer una vez por semana una porción de pescado graso, como salmón, sardinas y macarela, para obtener los beneficios del omega 3. No muchos lo hacemos, así que sería bueno considerar tomar un suplemento. Sin embargo, las diferentes marcas varían en la cantidad de dosis, y una dosis baja no tendría un buen efecto, así que procura que la dosis sea lo más elevada posible. También puede ocasionar indigestión, por lo que algunas marcas están procesadas para evitarlo, así que búscalas.

RESPUESTA: El aceite de pescado.

LOS EXPERTOS OPINAN

"Tomo cápsulas de aceite de pescado. En mi opinión, la información con respecto a que el aceite de pescado reduce el riesgo de enfermedades cardiovasculares es muy convincente y por eso lo tomo". Edzar Ernst, profesor emérito de medicina complementaria de la Universidad de Exeter, en el Reino Unido.

¿Zinc o equinácea para los resfriados?

Al mismo tiempo que existen ciertas evidencias que sustenta la afirmación de que la planta equinácea purpúrea puede ayudar a reducir la duración de un resfriado, las investigaciones se inclinan hacia el zinc como medio tanto para reducir su duración como para prevenirlo, de acuerdo con la organización Collaboration Cochrane. El zinc es un mineral presente en una gran variedad de alimentos; en especial, las ostras contienen este mineral en abundancia, así como la carne roja y de ave. También puedes tomar un suplemento de zinc, aunque tendrás que tomarlo diariamente durante cinco meses para notar algún cambio. Las tabletas de equinácea son más baratas.

RESPUESTA: El zinc.

¿Sabías que...?:

De acuerdo con un artículo de fecha reciente en *Archives of Internal Medicine*, alrededor del 13% de los artículos publicados durante un año en el muy respetado *New England Journal of Medicine* corresponden a cambios respecto a la opinión aceptada con anterioridad. Por lo regular, se requieren unos diez años para que tal cambio ocurra.

Tu día de trabajo

SI ODIAS viajar diariamente a tu trabajo, si éste te deprime y tus compañeros de trabajo te ponen tenso, las soluciones drásticas podrían parecer la respuesta. Sin embargo, hay una gran diversidad de soluciones que podrías emprender para eliminar las tensiones y las presiones de tu pesada labor diaria. Emplear tu traslado al trabajo como una forma de despejar tu mente o hacer algo de ejercicio, administrar tu tiempo de mejor manera (y en especial tu bandeja de entrada de correos electrónicos), mejorar tus relaciones con tus compañeros y mantener elevados tus niveles de energía, podrían ayudar a volver tu trabajo más satisfactorio y menos frustrante.

Para llegar al trabajo

Quizá tengas pocas o ninguna opción acerca de cómo viajar al trabajo y el traslado diario en camión de pasajeros o en metro sea algo que tienes que soportar. Sin embargo, para quienes tienen cierta flexibilidad presento algunos consejos a continuación.

¿Caminar o usar bicicleta?

Usar bicicleta es una forma de matar dos pájaros de un solo tiro: llegar al trabajo sin las molestias del sistema de transporte público y al mismo tiempo hacer ejercicio. Cuántas calorías quemarás dependerá de qué tan vigorosamente pedalees y cuántos kilómetros recorras, pero ir en bicicleta a unos 16 kilómetros por hora durante 15 minutos en terreno plano, quemará unas noventa calorías. Si vives lo suficientemente cerca, caminar con paso enérgico durante treinta minutos quemaría unas 160. Lo bueno de caminar es que no necesitas ningún equipo, como cascos o luces. Y no tienes que preocuparte de buscar un lugar para estacionar tu bicicleta o si se la robarán o algunos vándalos le causarán daño. La mente de las personas que caminan puede pensar con más libertad, pues no tienen que concentrarse en protegerse de los conductores agresivos en la forma en que los ciclistas lo hacen, y pueden escuchar sus canciones favoritas en su iPod para ayudarse a mantener la velocidad en el camino de ida o para relajarse en su camino de regreso a casa. He intentado andar en bicicleta y caminar para ir al trabajo en el centro de Londres: los iPods y las bicicletas no son una buena combinación, los ciclistas necesitar usar todos sus sentidos, en especial en las áreas urbanas, donde ocurren alrededor del 75 por ciento de los accidentes fatales o graves ocurridos a ciclistas. Y éstos tampoco pueden llevar un paraguas.

RESPUESTA: Es mejor caminar.

¿Sabías que...?:

...caminar vigorosamente por lo menos durante 30 minutos diarios hará que en un año pierdas alrededor de 5.5 kg. Las asociaciones encargadas del cuidado del peso indican que, si intentas bajar de peso, debes quemar por lo menos 1,000 calorías a la semana con una actividad extra. Esto equivale a 30 minutos de caminata enérgica. Y "enérgica" quiere decir que sudes un poco y que tu respiración se acelere.

¿Casco para bicicleta o la cabeza sin protección?

Ha habido una gran cantidad de debates acerca de si los ciclistas deberían usar casco o no. Aquellos que objetan su uso argumentan que los usuarios de casco se sienten más seguros y están más dispuestos a aceptar más riesgos, o que los cascos desalientan en primer lugar la práctica del ciclismo, reduciendo los beneficios ambientales y de salud. Pero cuando se trata del riesgo de muerte o de lesiones en la cabeza, la evidencia es concluyente: un análisis sistemático de estudios realizados por la organización Cochrane Collaboration, concluyó que, en términos generales, los cascos para ciclismo disminuyen el riesgo de recibir una lesión en la cabeza en un 69 por ciento y el riesgo de muerte en un 43 por ciento.

RESPUESTA: Se debe usar casco.

En el trabajo

Cualquiera que sea tu empleo y dondequiera que trabajes, encender tu computadora y encontrar una bandeja de entrada repleta de correos electrónicos bien podría ser lo primero que hagas cada mañana. Contestar tus correos es actualmente muy importante para trabajar con eficiencia y evitar la tensión nerviosa que acompaña a sentirse sobrecargado de trabajo. Existen unas cuantas reglas de oro para vaciar las bandejas de entrada, sugeridas por psicólogos como David Allen y Emma Donaldson-Feilder:

- Borra. Tú no guardarías todo el correo postal que has recibido, ¿así que por qué hacerlo con el correo electrónico? Es sorprendente cuántos correos puedes borrar sin leerlos.
- Obedece la regla de los dos minutos. Si eso es todo lo que te tomará, contesta de inmediato.

- Archiva. Crea carpetas para almacenar los correos electrónicos que quieras conservar con títulos como "responder más tarde", "acción", "en espera" (por ejemplo, si tienes que esperar un mensaje de otra persona para poder enviar tu respuesta), "Currículum Vítae", "invitaciones". Si no lo estás haciendo, piensa acerca de cómo administras tus correos y crea tu propio sistema de carpetas. No olvides revisar las carpetas más tarde y aparta algo de tiempo para llevarlo a cabo con regularidad.

- Cancela tus suscripciones. Si tu bandeja de entrada está atascada con correos de boletines informativos o actualizaciones de sitios a los que te suscribiste pero que nunca leíste, ¿entonces por qué aún estás suscrito a ellos? Toma sólo unos segundos cancelar una suscripción (ve la regla de los dos minutos de arriba).

- Cambia a Twitter. Los enlaces a las boletines informativos y actualizaciones a menudo están disponibles aquí. No atascarán tu computadora y pueden ser más fáciles de entender y de enviar a tus contactos de Twitter.

¿Correo electrónico o una conversación?

¿Qué hacían las personas antes de que se inventara el correo electrónico? Hablaban. En algunas oficinas, los compañeros de trabajo se comunican en su totalidad por correo electrónico aun cuando se sienten uno junto al otro. Supuestamente están demasiado ocupados revisando sus bandejas de entrada como para poder hablar. En mi experiencia, esos no son entornos laborales felices. Un estudio en Escocia descubrió que algunas personas revisan su correo treinta o cuarenta veces en una hora y algunas empresas prohíben los correos en ciertos periodos para obligar a los empleados a hablar entre ellos o permitirles trabajar sin ser distraídos por las temibles bandejas de entrada. Desde luego, nadie desea ser interrumpido a cada rato por colegas que le hacen preguntas. Aunque si necesitas guardar un registro de las conversaciones, el correo electrónico es muy útil. Sin embargo, existen buenas razones para evitarlo. Es difícil detectar el tono de voz en un correo: puedes pensar que tus correos parecen alegres, pero pudiera no ser percibido por el destinatario. Si le haces una pregunta a alguien cara a cara o por teléfono tienes más probabilidades de que te responda de inmediato: tu pregunta no se quedará sin un acuse de recibo en su bandeja de entrada.

El hablar también evita largas cadenas de conversaciones por correo que excluyen a otros en situaciones cruciales o que ocasionan que exista el riesgo de que todos usen la opción de "contestar a todos" haciendo más grande la bandeja de entrada. Las llamadas en conferencia son más eficaces para las decisiones complejas donde están implicadas varias personas. Además, levantarte de tu escritorio y caminar hasta la estación de trabajo u oficina de un compañero es una excelente forma de tomarte un pequeño descanso, estirar las piernas y conocerse mejor entre sí.

RESPUESTA: La conversación.

¿Correo electrónico difícil: responder ahora o más tarde?

Puede que haya algunas personas que no se arrepientan de haber escrito un correo gruñón al calor del momento. Una forma de controlar tu ansiedad por contestar los correos es escuchar la voz en tu mente que dice: "¿Debo enviar este correo?". Es probable que la respuesta sea "No". Prueba pedirle a algún colega en quien confíes que lea el mensaje primero y te diga lo que piensa. O deja que la tecnología llegue al rescate mediante la instalación de un programa como Boomerang, que te permite incorporar un retardador de tiempo al enviar un mensaje y recuperarlo después de que ya fue enviado. De otra manera, la opción más fácil y económica cuando te sientas un poco alterado es alejarte de la computadora y contestar cuando hayas tenido oportunidad de tranquilizarte. Está garantizado que tu respuesta será más mesurada.

RESPUESTA: Responder más tarde.

¿Sabías que...?:

Es más probable que escuches la verdad de un colega a través de un correo electrónico que a través de otros medios de comunicación. Un estudio realizado en los Estados Unidos acerca de con cuánta frecuencia mienten los estudiantes en todos los tipos de comunicación durante una semana, encontró que era menos probable que mintieran en un correo electrónico que en una comunicación cara a cara, durante una llamada telefónica o en mensajes de texto. Se cree que, debido a que los correos quedan grabados, existe el temor de que puedas ser descubierto.

Administra tu tiempo

Si te sientes abrumado por la cantidad de trabajo que tienes que llevar a cabo, intenta dividirlo en partes más manejables. Bluma Zeigarnik, psicóloga rusa de la década de los años veinte, descubrió que una vez que iniciamos una tarea es más probable que nuestro cerebro la recuerde, así pues, tenemos una mejor oportunidad de completarla que si nunca la hubiéramos comenzado. Esto concuerda con la teoría de David Allen, el destacado gurú de la administración de la vida y el trabajo: "Es cuando te preocupas de no haber hecho lo que habías acordado contigo mismo que deberías hacer, que comienzan los problemas". A continuación, te presento tres formas en las que los psicólogos recomiendan que administres tus labores en el trabajo:

- Escribe una lista, ya sea una grande o varias por separado para diferentes proyectos, o de acuerdo con el formato urgente/importante que encontrarás a continuación.
- Establece prioridades. Agrupa las tareas en cuatro categorías: urgente e importante, no urgente pero importante, urgente pero no importante y ni urgente ni importante. Esto indicará lo que necesitas hacer primero. Si todo parece urgente e importante, trata de hacer menos y delegar más.
- Pregúntate qué es lo peor que puede ocurrir si no terminas la tarea a tiempo y qué vas a hacer al respecto. Esto te calmará y te ayudará a poner todo en perspectiva.

¿Perfeccionismo o sólo suficientemente bien?

Desear hacer todo al máximo de tus capacidades es una actitud muy elogiable. Pero el perfeccionismo, llevado al extremo, no siempre es la mejor receta para el éxito. Según el profesor Randy Frost, un psicólogo estadunidense que ha estudiado el tema, los perfeccionistas pueden ser excesivamente autocríticos y atormentarse dudando de ellos mismos. Con frecuencia son hijos de padres que han establecido unos estándares muy elevados y que son demasiado críticos con los errores. Es magnífico tener compañeros de trabajo que marcan el ritmo a los demás y que prestan inmensa atención a los detalles, pero los perfeccionistas pueden retrasar las actividades, fallar en cumplir con los plazos, no ver todo el panorama completo, ser indecisos y volver locos a sus colegas (y jefes). Un antiguo jefe, muy exitoso, en alguna ocasión me dijo cuando me encontraba preocupada por un detalle: "No permitas que lo mejor sea el enemigo de lo bueno". Es un consejo sensato.

RESPUESTA: Sólo suficientemente bien.

¿Hacer una lista o varias?

Éste es un tema polémico entre los asesores de vida y los psicólogos. Es muy cierto que las listas ayudan a las personas ocupadas (y atolondradas u olvidadizas) a planear y establecer prioridades. Pero, ¿deberías elaborar una lista larga o varias para tareas diferentes? ¿Con cuánta frecuencia debes hacerlas? ¿Y dónde? ¿En un papel, en tu computadora o en tu teléfono móvil? David Allen, el experto en administración del tiempo, sugiere que mantengas una lista maestra con asuntos como: "planear las vacaciones", "contratar a un nuevo empleado", "llevar el coche a servicio", y que debajo de esos encabezados anotes los pasos necesarios para finalizar cada tarea. A él también le agradan los calendarios digitales que se actualizan con facilidad para poder mantener un registro de cuándo se deben llevar a cabo los pasos. La ventaja de elaborar listas en un aparato electrónico es que puedes actualizarlos con mayor facilidad sobre la marcha que con pluma y papel (por ejemplo, en una estación de ferrocarril o sentado en un autobús), y si eres alguien a quien le gusta hacer muchas listas, será menos probable que las pierdas que si trajeras contigo un montón de trozos de papel diferentes. No obstante, el problema con tener varias listas es que resulta más difícil darles seguimiento.

Si crees que hacer listas es de utilidad, entonces hazlas de la forma que creas más conveniente para ti; por ejemplo, como una ayuda genuina para lograr tener todo terminado a tiempo. Como una elaboradora de listas compulsiva, yo sugeriría establecer un compromiso en el trabajo: comenzar cada semana una nueva lista de cosas por hacer y resaltar con un marcador lo que tiene la prioridad máxima (ver Administra tu tiempo, página 61), o escribir una nota de qué día se debe hacer eso. Puedes pasar cualquier tarea sin terminar a la nueva lista de la semana siguiente.

RESPUESTA: Elaborar una lista.

¿Mantenerse concentrado o fantasear?

Si alguna vez has dicho, "me duele la cabeza", después de haber estado concentrado durante mucho tiempo en la misma labor ardua, esto no está muy alejado de la verdad. Los neurocientíficos, como Jonah Lehrer, creen que la porción del cerebro que toma las decisiones racionales sufre si se usa en exceso; "desconectarse" y fantasear ayuda a asociar pensamientos e ideas de diferentes partes del cerebro de manera que podamos pensar de forma más creativa. Por esa razón "se nos prende el foco" mientras miramos distraídamente a través de la ventana o lavamos los platos. Sólo que no lo hagas todo el día.

RESPUESTA: Fantasear.

¿Delegar o hacerlo tú mismo?

¿Con frecuencia te sientes resentido porque pareces estar trabajando mucho más que todos los demás? Si tus funciones en tu empleo incluyen dirigir a otras personas, quizá podrías aprender a delegar con más eficacia. Las tareas que no puedas terminar en dos minutos (siguiendo la regla de David Allen, el experto en administración) puedes encargarlas a otra persona o bien posponerlas hasta que tengas tiempo de hacerles frente. Si vas a delegar, asegúrate que tus colegas comprendan con claridad lo que se espera de ellos, y quizá podrías establecer un acuerdo, o hacer una nota para ti mismo para dar seguimiento a la actividad con ellos más adelante. En las grandes organizaciones, podría ser de utilidad que cada departamento pusiera un documento en la red que detalle quién debe hacer cada tarea; y al final de la semana todos registran lo que hicieron realmente. No necesitas un experto en administración que te diga que si demuestras tu aprecio por una tarea bien hecha u ofreces una retroalimentación constructiva cuando no lo esté, esto mejorará tu habilidad para delegar.

RESPUESTA: Delegar.

¿Sabías que...?:

¿Conoces el sándwich de elogios? Este consejo me lo dio una directora editorial muy respetada cuando me explicó cómo hacer que alguien volviera a escribir un artículo. Esto se aplica a muchas situaciones en las que tienes que rechazar una idea o persuadir a alguien para que haga algo diferente. Comienza por decirle algo positivo, luego dale la mala noticia, después termina con un segundo comentario positivo. La mala noticia queda en medio de un sándwich de noticias positivas. Por ejemplo: "Gracias, en verdad me gustó tu artículo. Es evidente que hiciste una enorme labor de investigación y la parte que trata acerca de X es realmente interesante. Pero el estilo no es del todo adecuado para nosotros y además está un poco más largo de lo que esperaba. También suena un tanto académico. ¿Me pregunto si pudieras reducirlo un poco y hacerlo más sencillo? Realmente nos gustaría publicarlo y no creo que te tome mucho tiempo".

¿Reuniones con colegas o trabajar de forma independiente?

Si existe un aspecto de la vida de oficina que consume más tiempo que encargarse de contestar los correos electrónicos, esas son las reuniones de trabajo. Algunos días laborables se ocupan por completo sólo con estas reuniones, lo que deja poco tiempo para desempeñar otro tipo de trabajo y esto provoca ansiedad y frustración. Pero, ¿son dos cabezas siempre mejor que una? Algunas investigaciones interesantes que se han llevado a cabo acerca del funcionamiento del cerebro sugieren lo opuesto: los experimentos mostraron que los individuos que trabajan solos producen más ideas de alta calidad que aquellos que trabajan en grupos. "Las personas a quienes les gustan las reuniones son aquellas que no disfrutan logrando que se lleven a cabo las tareas", afirma el escritor de Psicología, Oliver Bukerman, en *Help! How to Become Slightly Happier and Get a Bit More Done (¡Auxilio! Cómo ser un poco más feliz y lograr que se haga un poco más)*. Se cree que esto ocurre debido al "efecto de espectador": a las personas que trabajan en grupos les importan menos los resultados que a quienes trabajan solos, pues estos saben que son totalmente responsables de sus resultados.

Si se efectúa una reunión de trabajo para poner al día a los participantes sobre los progresos alcanzados, ¿podría realizarse de manera más eficaz mediante el correo electrónico o el teléfono? Desde luego, una junta bien llevada puede ser muy productiva y ya que muchos nos comunicamos mediante el Internet o el teléfono; también es importante reunirnos con nuestros colegas cara a cara: esto nos recuerda que somos parte de un equipo.

RESPUESTA: Trabajar de forma independiente.

¿Sabías que...?:

Si tienes que asistir a reuniones de trabajo y deseas incrementar tus oportunidades de ganar más influencia, una investigación sugiere utilizar el "efecto centro del escenario"y sentarse en medio. Ese es el sitio donde por lo general se encuentra la gente importante en un grupo (piensa en las fotos de una boda). Aquellos que están a los lados muy posiblemente sean, literalmente hablando, espectadores.

¿Decir sí o no?

Si te sientes tan sobrecargado de trabajo que esto te pone ansioso e irritable o interrumpe tu sueño, quizá estás tratando de complacer a demasiada gente durante demasiado tiempo. Los psicólogos creen que tal comportamiento tiene sus orígenes en la infancia. Si los padres controlan a sus hijos con demasiada firmeza y sólo los hacen sentirse amados si hacen lo que se les dice, los niños crecerán con un sentido no desarrollado de lo que quieren para sí mismos y buscarán a otras personas para obtener aprobación. Elizabeth Hilts, la escritora de libros de autoayuda, incluso identifica un rasgo (principalmente femenino) denominado "amabilidad tóxica", que resulta del temor a la confrontación. En el trabajo estas personas dicen que sí a todo para complacer a sus compañeros y con frecuencia no cumplen lo prometido debido a que aceptaron demasiado.

En el peor de los casos, quienes complacen a los demás siguen acumulando los deseos y exigencias de otros, y entonces explotan cuando se vuelve demasiado. Desde luego, es importante ser sensible a las necesidades de las personas pero no a costa de las tuyas. Hilts incluso recomienda ponerte en contacto con tu "perra interior". Nina Grunfeld, fundadora de la organización de desarrollo personal *Life Clubs*, recomienda elaborar una lista con dos columnas, la de la izquierda con el título "Digo que NO a...", y la otra a la derecha titulada "Lo que implica que esté diciendo SÍ a ...". Esta es una técnica útil para trabajar en tus prioridades y no causar una mala impresión a tu jefe como una persona incumplida: "Lo siento, no podré asistir a la junta pero podré terminar esta tarde el informe que usted deseaba".

RESPUESTA: Di no (con amabilidad).

LOS EXPERTOS OPINAN

"El grado en el que te sientes bien acerca de lo que estás haciendo equivale al grado en el que sabes lo que no estás haciendo, y eso te parece bien", David Allen, *GettingThings Done* (*Logrando que se hagan las cosas*).

Buena relación con tus colegas

Enfrentémoslo, todos tenemos compañeros de trabajo con los cuales "no nos llevamos muy bien que digamos" todo el tiempo. Sin embargo, esto no tiene que llegar a la confrontación.

¿Culpar a otros o pasar a otro asunto?

Cuando algo sale mal en el trabajo, es natural enojarse con algunos compañeros si crees que ellos cometieron algún error. Sin embargo,

¿deberías señalarlos con el dedo o mantenerte callado? Cuando culpas a otras personas estás convirtiéndote en la parte afectada y poniéndote como su víctima. Por ejemplo, si un escritorio compartido está desordenado y culpas al compañero con el que lo compartes, te estás colocando en una postura que te ocasiona molestias y le estás otorgando poder en la relación. Por consiguiente, podrías culparte a ti mismo por "permitir" que otras personas te hagan esto. Pero culparte también es un desperdicio total de tiempo. Nina Grunfeld sugiere que si te sientes mal acerca de algo, te perdones a ti mismo y continúes con tu vida. Pregúntate qué puedes aprender de haberlo hecho "mal". Quizá para sentirte con mayor control en una situación, como en el caso del escritorio desordenado, podrías sugerir una reunión semanal con el fin de poner orden y donde los dos juntos puedan arreglar el desorden.

RESPUESTA: Pasar a otro asunto.

¿Disculparse o no decir nada?

Todos cometemos errores y no existe ninguna razón para llamar la atención sobre aquellos que nadie más notará. Sin embargo, si es un error grave, no decir nada al respecto puede dar la imagen de arrogancia e inmadurez, como un niño que no puede enfrentar lo que ha hecho. Una "disculpa" superficial podría empeorar la situación si se escucha falta de sinceridad. Un estudio efectuado por psicólogos de la Universidad de Maryland sugiere que existen tres tipos de disculpas: la compensación ("Disculpa, olvidé calcular esas cifras. Me quedaré después de la salida para hacerlas"); empatía ("Disculpa por no haberte pedido que asistieras a la junta. Debes pensar que no me importa tu opinión pero en realidad sí me importa") y reconocimiento de haber violado las reglas ("Disculpa, le dije a X sobre la fusión propuesta. Violé el acuerdo de confidencialidad").

El truco consiste en encontrar el tipo exacto de disculpa que vaya de acuerdo con la persona afectada. Por ejemplo, alguien que valora las relaciones humanas es probable que responda mejor a una disculpa de empatía. Una mezcla de los tres tipos probablemente sea la forma más efectiva de parecer realmente sincero en lo que dices. Los estudios sugieren que es una buena idea sobreponerse y acabar de una vez con el problema: las personas que confiesan tarde o temprano dan la impresión de ser más agradables.

RESPUESTA: Disculparse.

¿Aceptar decisiones o tratar de cambiarlas?

Cuando una decisión dolorosa con la que no estás de acuerdo proviene de un ejecutivo superior, ¿es mejor mantener la cabeza agachada o tratar de expresar tus objeciones? Es probable que valga la pena preguntarte de manera realista cuánto es posible influir en la situación. Enojarse por situaciones que no puedes controlar, como un nuevo jefe, una reestructuración administrativa o una serie de despidos, puede ser un distractor y no tener ningún sentido. Si esa es la manera como siempre reaccionas a las decisiones que no te gustan, pronto serás impopular con los jefes que quizá están implementando decisiones que tampoco a ellos les gustan. Lo que puedes modificar es la forma como reaccionas a la situación: quizá los cambios efectuados podrían funcionar mejor para ti a largo plazo. Existen muchas investigaciones que apoyan la idea de que los optimistas se enfrentan mejor a las dificultades y es posible que también sean personas más saludables ya que su punto de vista positivo puede influir en su sistema inmune. Quienes se resisten al cambio con frecuencia son personas ansiosas. Pregúntate si le temes a algo y qué pasos puedes seguir para recuperar el control, como buscar un nuevo empleo, actualizar tu currículum vítae o comenzar a crear un perfil profesional en una red de Internet como Linkedin.

RESPUESTA: Aceptar las decisiones.

¿Propagar un chisme o quedarse callado?

Los últimos dimes y diretes sobre lo que ocurre en el lugar de trabajo pueden ciertamente animar un día monótono, pero ten cuidado de quién es la fuente. Si alguna vez has sospechado de un chisme y te has preguntado si esta persona habla de ti de esa manera a tus espaldas, esto se debe a un proceso que los psicólogos denominan "transferencia espontánea de rasgos". Algunos experimentos muestran que quien escucha un chisme acerca de otra persona inconscientemente asocia algunos de los comentarios negativos que oye de otra persona con la persona que los dice. Así que, como mi madre solía decir, "si no puedes decir algo agradable de alguien, será mejor que no digas nada".

RESPUESTA: Mantente callado.

¿Preparar té o café sólo para ti o para todos?

Si eres la clase de persona alegre que siempre ofrece preparar o ir a traer té o café para sus compañeros de trabajo y para ti, no esperes gratitud eterna. Algunos experimentos psicológicos descubrieron que los pequeños favores o los gestos de amabilidad son más apreciados por los extraños, quienes a menudo ofrecen más a cambio. Los favores no se aceptan muy bien si se sospecha de algún motivo oculto. Desde luego, aunque es agradable preparar de vez en cuando una taza de té o café para tus colegas, si lo haces muy seguido y te sientes resentido con aquellos que no preparan ninguna a cambio, ¿podría ser que tu verdadero motivo al preparar té o café para otros sea sentirte apreciado?

RESPUESTA: Para ti.

Bebidas y golosinas fortificantes

SI SIENTES que tu energía se desploma durante el día, resulta tentador reforzarla con una visita a la máquina expendedora de café o saborear una barra de chocolate o una bolsa de papas. Aunque no tiene nada de malo un pequeño reforzamiento energético con cafeína o una golosina durante el día, depender de la cafeína o el azúcar para poder seguir adelante es un indicio de una dieta no saludable y de malos hábitos alimenticios. Quizá te saltes el desayuno o el almuerzo (ve sugerencias para unas opciones rápidas y saludables en las páginas 42 y 85), consumas grandes cantidades de bebidas repletas de calorías y cafeína o no tomes suficientes descansos para moverte, aclarar tu mente y mantener tu sangre fluyendo.

Qué comer y beber

A continuación presento la verdad sobre cómo sentirte satisfecho sin acumular kilos o gastar una fortuna en la cafetería.

¿Café latte o capuchino?

¿Deseas saber cómo ahorrarte 600 calorías y casi toda la cantidad de grasa saturada permitida al día (20 gramos) en tu descanso en la oficina? Cambia una bebida tamaño *venti* de Starbucks, con chocolate moka blanco, leche entera y crema batida (de 620 calorías), por una bebida tamaño *venti* de café americano y algo de leche *light* caliente (unas 50 calorías). Este es un ejemplo extremo, pero la contribución de las bebidas de la cafetería a nuestro aumento de peso más o menos en la última década no es algo que deba subestimarse.

Una comparación menos exagerada sería reducir la ingesta de calorías a la mitad al cambiar un café *latte* grande con leche semidescremada (150 calorías) por un capuchino *alto* con leche semidescremada (90 calorías). La diferencia se explica por la cantidad de leche contenida en proporción al agua: un café *latte* (palabra italiana que significa "leche") contiene mucha más leche que un capuchino (y un americano o un *macchiato* con un chorrito de leche contiene todavía menos). Desde luego, la leche es una bebida nutritiva, pero se argumenta que los cafés grandes con mucha leche endulzada no lo son. En la actualidad, algunas cafeterías muestran información nutricional en sus sitios de Internet, así que revísalos si deseas comparar uno de tus cafés favoritos y efectuar un cambio sencillo y reducir las calorías.

(Para el consumo de cafeína, véase ¿Bebidas descafeinadas o con cafeína?, en la página 39).

RESPUESTA: Café capuchino.

¿Sabías que...?:

Es importante beber 1.2 litros (de seis a ocho vasos) de líquido al día. Que esto incluya sólo agua o bien bebidas refrescantes ha sido el tema de interminables debates, pero la mayoría de los nutriólogos está de acuerdo en que puede incluir bebidas refrescantes y cantidades moderadas de té o café. Sin embargo, tan solo un café *latte* grande (233 calorías), una lata de refresco (139 calorías) y una taza de té por la tarde con una cucharada llena de azúcar (34 calorías), suman casi 400 calorías. Si cambiamos el *latte* por un café de grano o un americano, escogemos un refresco dietético o agua natural y eliminamos el azúcar, nos ahorraríamos unas 300 calorías. Si también deseas ahorrar dinero invierte en una botella grande atractiva o una garrafa, llénala con agua todos los días y establece como regla haber bebido todo antes de irte a casa.

¿Bísquet o muffin?

Si te saltaste el desayuno y observas con antojo la deliciosa variedad de panes horneados mientras te preparan tu café, ¿cuál sería la mejor opción? Incluso el muffin de arándano azul de tamaño pequeño y de apariencia saludable de Starbucks contiene 372 calorías, más que una barra de chocolate Mars de 58 gramos (con 260 calorías), mientras que su muffin de arándano azul tamaño clásico tiene sorprendentes 481 calorías. Los bísquets por lo general se encuentran entre los panes menos perjudiciales ya que contienen relativamente pocas cantidades de grasa y azúcar, así que el bísquet sencillo de 252 calorías de Starbucks, con mantequilla o mermelada, es una mejor opción. Agrega una pieza de fruta y no será una mala elección para el desayuno.

RESPUESTA: El bísquet.

¿Jugo de fruta o batido de fruta?

Si el batido contiene únicamente fruta, sin nada de productos lácteos, como leche o yogur, entonces no hay mucho que escoger entre éste y un jugo natural con pocas calorías. Una botella de 250 mililitros de jugo de naranja de una cadena de restaurantes contiene 114 calorías y 28.6 gramos de azúcar, mientras que un batido de fresa tiene 128 calorías y 28 gramos de azúcar. Los batidos utilizan fruta molida en lugar de sólo jugo y contienen un poco más de fibra, pero fíjate si le agregan plátano, el cual añade fibra a la fruta más cara, como las fresas, y volvería más dulce la bebida. Añadir leche o yogur, mientras ésta sea descremada, puede ayudar a mantenerte satisfecho por más tiempo sin aumentar demasiadas calorías, debido a que contiene grasas y proteínas. Ten en mente que un batido cuenta como una, o a lo mucho dos de las cinco frutas y verduras recomendadas al día.

RESPUESTA: El batido.

¿Batido o fruta?

No hay competencia aquí: un paquete de fresas de 227 gramos más un plátano tiene casi la misma cantidad de calorías que una botella de batido de fresa y plátano de 250 mililitros de una marca conocida. Los batidos embotellados pueden perder algo de valor nutricional en su elaboración y sólo cuentan (a lo mucho) como dos de las cinco porciones diarias recomendadas de frutas y verduras. Así que, por el mismo contenido calórico de un batido, podrías tener dos saludables botanas si comes la mitad de las fresas y el plátano y guardas el resto para después.

RESPUESTA: La fruta.

¿Naranja o kiwi?

Si te gusta botanear con fruta, los kiwis son de las más saludables, pues contienen casi la misma cantidad de vitamina C que una naranja del mismo tamaño y más fibra que una manzana. Sólo pela el kiwi y cómelo o bien corta la parte de arriba y come la pulpa con una cuchara. (A los niños les encanta comerlos de esta manera en una taza para huevos cocidos; "kiwi estilo huevo cocido", es como se conoce en nuestra casa.)

RESPUESTA: El kiwi.

¿Cacahuates o nueces y pasas?

Intercambia una bolsa de 50 gramos de cacahuates por una bolsa de 45 gramos de nueces y pasas y te habrás ahorrado al menos unas 100 calorías, 30 gramos de grasa y una gran cantidad de sal. Este es otro ejemplo de cómo estos pequeños intercambios pueden mejorar tu consumo de nutrientes durante el día y reducir el número de calorías.

RESPUESTA: Las nueces y las pasas.

¿Sabías que...?:

Estar sentado frente a la pantalla de una computadora puede ocasionar toda clase de dolores y molestias. Para estar seguro de que estás sentado de manera cómoda, hazte las siguientes preguntas:

- ¿Te tomas un descanso de cinco o diez minutos después de cincuenta o sesenta minutos continuos de trabajo frente a la pantalla o el teclado?
- ¿Se encuentran tus ojos al mismo nivel de la parte superior de la pantalla?
- ¿Miras ocasionalmente desde tu pantalla hacia cierta distancia para evitar la tensión en los ojos?
- ¿Está tu espalda baja, derecha y bien apoyada?
- ¿Están tus brazos al mismo nivel que la superficie de tu teclado, es decir, no están en ángulo con éste?
- ¿Se encuentran tus muslos en ángulos rectos con tu torso y tus piernas?
- ¿Se encuentran tus pies en posición plana en el piso o, si no, en un descanso para los pies?
- ¿Puedes operar el ratón con tu muñeca recta y tus antebrazos apoyados?

Las respuestas a estas preguntas deben ser sí.

¿Sabías que...?:

A pesar de todas las afirmaciones acerca de las propiedades del té verde para combatir las enfermedades, aún no hay un veredicto claro al respecto. Se cree que ayuda a combatir el cáncer gracias a que contiene una sustancia llamada catechin, que se supone inhibe el crecimiento de las células cancerosas. Sin embargo, una revisión de cincuenta y un estudios efectuada por la organización Cochrane Collaboration encontró que la evidencia es contradictoria: hubo un cierto apoyo para la teoría pero sólo con ciertos tipos de cáncer, mas no con otros. Una revisión menos completa llegó a una conclusión igualmente "probable" sobre las posibles virtudes del té verde para prevenir los ataques cardiacos. Sin embargo, más allá de toda duda, se sabe que el té verde tiene mucha menos cafeína que el té negro y los granos de café. El mensaje general parece ser que beber de tres a cinco tazas al día (unos 1,200 mililitros) es seguro y podría tener beneficios probables, pero no cuentes con el té verde únicamente para salvarle la vida a alguien.

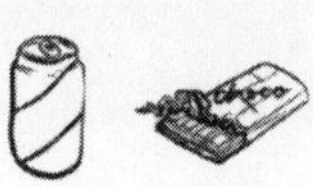

¿Una lata de bebida de dieta o una barra de chocolate?

Si lo que buscas es un "levantón" con cafeína, hay casi la misma cantidad en una lata de refresco de cola de dieta que en una pequeña barra de chocolate oscuro (que contenga al menos 70 por ciento de cacao puro). La cola de dieta no tiene ningún valor nutricional, así que difícilmente contiene alguna caloría, mientras que el chocolate (desde luego) contiene azúcar y grasa saturada (una barra de 35 gramos tiene unas 190 calorías), así que éste no es un consejo para los que están a dieta. Sin embargo, la grasa hará que te mantengas activo por más tiempo, y los nutrientes llamados flavonoles, los cuales se encuentran en el chocolate con un alto contenido de cacao, podrían ser benéficos para la salud del corazón. No obstante, los científicos todavía no comprenden realmente cómo funciona esto y, desde luego, el contenido de grasa y azúcar podría neutralizar sus beneficios. Suspiro.

RESPUESTA: El chocolate.

Comida

MILLONES DE PERSONAS disfrutamos la comida sentados en nuestro escritorio, trabajando sin parar durante el día sin un descanso apropiado, o bien la omitimos. En épocas económicas difíciles, la inestabilidad laboral incrementa nuestra necesidad de que vean que podemos realizar bien nuestro trabajo y, desde luego, algunas veces la presión en el trabajo hace imposible que nos detengamos. Pero si eso se convierte en un hábito, podría ser perjudicial, tanto física como mentalmente.

Qué comer

¿Cuáles son las mejores formas de lograr que la hora de la comida sea rápida y saludable?

¿Una gran comida o una gran cena?

Cuando comemos, una parte de la comida digerida se convierte en azúcar en la sangre (es decir, glucosa), un proceso regulado por la hormona insulina. Los científicos creen que comer en exceso nos hace sentir somnolientos debido a que las células del cerebro que nos mantienen alertas son sofocadas por el incremento de azúcar en la sangre después de una comida. Podría tratarse de una respuesta evolutiva: una vez que nuestros ancestros encontraban su alimento y lo ingerían, era el momento de dormir y conservar la energía. Algunos alimentos, como la pasta, que nuestro cuerpo convierte en glucosa, nos vuelven más somnolientos que otros. Así que, a menos que estés de vacaciones o sea fin de semana, evita una comida grande y pausada a la hora del almuerzo si deseas permanecer despierto en el trabajo durante la tarde. Guarda la pasta para una noche en que realmente necesites un buen descanso nocturno.

RESPUESTA: Una gran cena.

¿Burrito o *baguette*?

Has salido un rato a buscar algo para comer pero tienes mucha hambre y necesitas algo un poco más sustancioso que un sándwich normal. Una *baguette* recién horneada con tu relleno favorito es muy tentadora. Los burritos también se ven buenos, pero como tienen más relleno deben engordar más, ¿no es verdad?

En realidad, los burritos son una opción excelente para una comida porque la proporción de relleno con respecto al pan es muy elevada y es el relleno lo que te mantiene satisfecho, en especial si escoges alguna proteína magra como el pollo, con mucha ensalada crujiente y verduras crudas. Los panes planos tienen un índice glucémico inferior al de las *baguettes*, lo que significa que tu cuerpo quemará la energía más lentamente y no sentirás hambre tan pronto. A menos que a los panes planos les untes mantequilla, te habrás ahorrado una gran cantidad de calorías y grasa saturada. Al momento de escribir esto, un burrito de jaiba y camarón con ensalada en una conocida cadena de restaurantes, contiene 298 calorías, con 10 gramos de grasa, mientras que su *baguette* de atún con mayonesa tiene 498 calorías y 22.9 gramos de grasa, casi una tercera parte de la cantidad que puedes comer al día. No obstante, ten cuidado con los aderezos muy grasosos en los burritos, como la mayonesa cremosa.

RESPUESTA: El burrito.

¿Sabías que...?:

Un sándwich puede constituir una comida realmente saludable y ligera. Elaborados con pan integral y un trocito de mantequilla o aceite de oliva o girasol para untar, carne magra, como jamón o atún, y relleno con tanta verdura cruda (como hojas de lechuga, tomate y pepino) como sea posible, los sándwiches pueden contener todos los grupos de alimentos necesarios en una dieta balanceada: carbohidratos sin refinar, fruta y verduras, proteína y grasas lácteas.

¿Mayonesa o mantequilla?

Una porción untada de 7 gramos de mayonesa *light* tiene unas 23 calorías y 2.3 gramos de grasa obtenida de aceites vegetales, mientras que la misma cantidad de mantequilla tiene unas 50 calorías y 5 gramos de grasa saturada. Incluso la mayonesa normal contiene menos calorías. La mantequilla es un derivado de la leche y por lo tanto contiene una gran cantidad de grasa animal, la cual es alta en grasa saturada, el tipo de grasa que puede aumentar el colesterol, mismo que puede ser perjudicial para tu corazón y tu sistema cardiovascular. Pide que a tu sándwich para la comida le unten mayonesa *light* en lugar de mantequilla, o bien hazlo tú en casa si preparas tu comida para llevar.

RESPUESTA: La mayonesa.

¿Sopa o ensalada?

Ambas parecen saludables y si están acompañadas con verdura, fruta y carne magra o pescado, realmente pueden serlo. Pero ten cuidado con las ensaladas con aderezos grasosos o mucho queso, y con las sopas repletas de crema, sal o carne grasosa, como el chorizo, para darles más sabor, o para hacerlas más voluminosas con carbohidratos como las papas, la pasta o el arroz. Desde luego, no querrás un plato de sopa humeante en un caluroso día de verano, pero la sopa en invierno es cálida y reconfortante; y también te puede dejar más satisfecho. Una investigación reciente presentada en televisión mostró mediante aparatos de ultrasonido, cómo los soldados que comieron una sopa licuada con arroz, pollo, verduras y agua se sintieron más satisfechos durante más tiempo que aquellos que habían comido los mismos ingredientes como alimentos sólidos, con un vaso de agua. ¿Por qué? La comida licuada tenía más volumen, así que no podía pasar a través del estómago tan rápido.

RESPUESTA: La sopa.

¿Sabías que...?:

Muchas cadenas internacionales de comida, como Subway y Burger King, muestran los contenidos nutricionales de sus productos en sus sitios de Internet. Sólo escribe en Google el nombre de la cadena y encuentra la sección en el sitio acerca de sus productos y la nutrición. Podrías agregar a tus sitios favoritos estos enlaces para cuando necesites una referencia rápida. McDonald's incluso integra información nutricional en sus empaques de comidas, pero cuando se encuentra frente a ti ya es demasiado tarde para descubrir que tu hamburguesa de un cuarto de libra con queso, papas medianas y una coca mediana tiene 900 calorías y unos 40 gramos de grasa.

¿Sushi o sashimi?

En definitiva, existen beneficios para la salud al comer estos alimentos tradicionales japoneses, que ahora están disponibles en muchos restaurantes de comida rápida y supermercados. Ellos incluyen ácidos grasos omega 3, importantes para la salud del corazón, los cuales se encuentran en el pescado graso, como el salmón y el atún, más vitaminas A, B, C y E y el oligoelemento yodo en las algas, esencial para mantener nuestras células y el ritmo metabólico saludables. El arroz simple es también una buena fuente de carbohidratos y la pequeña cantidad que se encuentra en el sushi no te dejará sintiéndote con demasiada plenitud. Las mujeres embarazadas deberían tener cuidado con los niveles de mercurio en los pescados de aguas profundas, como el atún, limitando la cantidad de pescado graso que coman; ellas no deberían comer nada de mariscos frescos. El consejo oficial en el

Reino Unido es que el pescado debe ser congelado antes de comerlo crudo. Los restaurantes y las tiendas que venden sushi por ley tienen que hacer esto para matar cualquier tipo de bacteria dañina. Así que en general es una opción buena y ligera, pero hay que tener cuidado en los restaurantes que cuentan con cintas transportadoras, pues es fácil ordenar de más.

No hay mucha diferencia entre ordenar sushi o sashimi, pero la elevada proporción de arroz en relación con la proteína y los vegetales en el sushi inclina la balanza para los que desean bajar de peso hacia el sashimi, que consiste en trozos de pescado crudo o curado; quizá podrías ordenar a un lado uno o dos sushis o un poco de arroz y unos vegetales, como soya verde fresca.

RESPUESTA: Sashimi.

¿Sabías que...?:

Pueden requerirse de quince a veinte minutos después de que se comienza a ingerir alimento para que las señales de saciedad lleguen al cerebro. Si por lo general comes con los ojos puestos en tus correos electrónicos, intenta alejarte de tu sitio de trabajo y saborear lo que comes. Esto te ayudará a hacerlo con más calma y a consumir menos.

Qué beber

Un vaso grande de agua en la comida es una buena idea: dos terceras partes de nuestro cuerpo están constituidas por este elemento y el consumo diario sugerido de líquido es entre 1 y 1.5 litros. Aunque esto puede incluir otras bebidas, éstas quizá no sean tan saludables como el agua; por ejemplo, un consumo de líquidos que consista en café y refrescos con gas probablemente no sea una buena idea. Además, el agua es más barata.

¿Bebidas con gas o sin gas?

Si has estado sentado en una oficina mal ventilada todo el día o corriendo por todos lados llevando a cabo diferentes labores, quizá puedas estar deshidratado. Esto podría hacerte sentir somnoliento y malhumorado: nuestro cerebro realmente necesita agua para mantenerse alerta. Pero si compras una botella de agua para acompañar la comida u ordenas comida en un restaurante y has escuchado historias de que el agua mineral es mala para tu salud, ¿qué debes hacer?

Las burbujas en una botella de agua con gas son creadas por la adición de dióxido de carbono. ¿Es éste un gas desagradable de efecto invernadero que contribuye a nuestros miedos acerca del calentamiento global? ¿Acaso no están las bebidas gaseosas repletas de ácido que destruye el esmalte de los dientes y pudre los huesos? La cantidad de dióxido de carbono en el agua gaseosa es insignificante y por lo tanto es improbable que te pueda ocasionar algún daño. El daño a los dientes se asocia con el azúcar y el ácido en los refrescos endulzados o en el jugo de frutas, no en las burbujas. Así que hay poco de que preocuparse al respecto, excepto por algo. El gas tiene que ir a algún lugar, a tu sistema digestivo, y la forma en que éste sale puede ocasionarte algunos problemas sociales vergonzosos más tarde durante el día, en especial si eres propenso a inflamarte.

RESPUESTA: Sin gas.

Después de la oficina

Existen varias buenas razones para salir de la oficina por un rato a mitad del día, una de las cuales es sencillamente despejar tu mente.

¿Ejercicio en interiores o exteriores?

Las recomendaciones del gobierno nos exhortan a mantenernos activos durante al menos 150 minutos a la semana. Si tu horario tan ocupado hace que esto te parezca imposible, entonces incluso tres periodos de diez minutos todos los días harán que tu sangre fluya y tus músculos se muevan. Un informe en la revista médica *The Lancet* de julio de 2012 advertía que alrededor de una tercera parte de los adultos en todo el mundo no están lo suficientemente activos físicamente y que esto implica un riesgo de enfermedades cardiacas, diabetes y cáncer de seno y colon. Intenta unirte con algún colega para que te ayude a estar motivado o reúne un grupo en el parque para un partido de futbol o *frisbee* una vez a la semana. Un gran número de estudios apoyan la idea de que el contacto con la naturaleza tiene beneficios, desde mejorar el porcentaje de recuperaciones en los hospitales hasta reducir el comportamiento antisocial e impulsar la creatividad. Si no puedes estar cerca de un espacio verde en tu hora de la comida, cómprate una planta de maceta o, si permaneces en casa, pinta las paredes con un matiz verde que sea relajante.

RESPUESTA: Salir al exterior.

¿Reunirse con un amigo o comer solo?

Si el trabajo implica una actividad frenética y tienes compromisos familiares y sociales por la tarde, un descanso tranquilo para comer quizá sea el único tiempo en el día que tengas para ti mismo. Pero es muy fácil caer en la rutina de hacer siempre lo mismo durante la hora de la comida, apresurarse a ir a las tiendas, ir a comer al mismo restaurante o a la cafetería de la empresa.

Reunirse con amigos o colegas que no ves a menudo es una forma importante de mantenerse en comunicación con una amplia red de relaciones sociales y profesionales. También, si la situación en el trabajo te deprime, quizá ayudaría compartir el problema. Y si la situación va realmente mal, tu red profesional podría ser de suma importancia para ayudarte a conseguir un nuevo empleo. Si trabajas desde casa, "ir por la comida" puede impedir que te de claustrofobia y te sientas fuera de contacto.

Un estudio fascinante sobre los ejecutivos más creativos, publicado en la *Harvard Business Review* en 2009, reveló que estos se distinguieron por sus excelentes "destrezas para los descubrimientos", ya que siempre se encontraban en busca de nuevos contactos, nuevas ideas y nuevas experiencias. Descubrieron que tener una red de relaciones con personas de distintas procedencias es crucial para lograr nuevas perspectivas. Así que si Bill Gates puede hacerlo...

RESPUESTA: Reúnete con un amigo.

¿Sabías que...?:

Tu *smartphone* o tu computadora pueden ayudarte a mantener en pie tus metas de salud mediante aplicaciones, tweets y sitios de Internet. Muchos de ellos son gratuitos o cuestan sólo unos pocos pesos y son excelentes si estás en movimiento continuo. Una de mis aplicaciones favoritas, *Sleep Pillow*, tiene una diversidad de sonidos que te ayudan a conciliar el sueño, como ruidos de ballenas o una suave caída de lluvia. Luego está el buscador de bebidas en nhs.uk, que te ayuda a calcular mediante un *smartphone* o tu computadora cuántas unidades de alcohol estás bebiendo. Numerosos sitios de Internet (en inglés), como weightlossresources.co.uk, tienen gran cantidad de información acerca del contenido nutricional de alimentos y comida saludable; también ofrecen consejos para ejercitarte. Busca sitios de médicos, profesionales de la salud titulados o fundaciones de caridad prestigiadas relacionadas con la salud para evitar a los charlatanes. Muchos de estos sitios tienen foros a los que te puedes unir para recibir apoyo moral. Muchas fundaciones de caridad relacionadas con la salud envían mensajes en Twitter así que puedes mantenerte al día con los últimos consejos y tendencias.

¿Nadar o correr?

Si te agrada salir a la hora de la comida y estás en muy buena forma, ¿cuál sería la mejor manera de aprovechar media hora? Las consideraciones de cuánto equipo necesitas, las regaderas, costo y accesibilidad probablemente puedan detener tus buenas intenciones. Si no quieres complicarte la vida, una caminata muy vigorosa (8 kph) quema unas 250 calorías en treinta minutos, lo mismo que un partido de tenis individual. La natación vigorosa quema unas 300 calorías y es una gran forma de ejercitar todo tu cuerpo, pero cuesta dinero y tienes que hacerte un tiempo para meterte en la piscina y después secarte el cabello. Si realmente deseas una manera eficiente de quemar calorías y tienes la suerte suficiente de no estar preocupado por tus articulaciones, correr es lo mejor que existe: a 12 kph quemarás 400 calorías en treinta minutos, más o menos la misma cantidad que encontrarías en un sándwich bien servido. Así que sería como quemar la comida.

RESPUESTA: Correr.

¿Sabías que...?:

Incluso cinco minutos de ejercicio todos los días pueden ayudar a mantenerte esbelto. Lo mejor es enfocarse en las áreas que más te preocupan: si es tu cintura, intenta hacer abdominales; si puedes alargar el tiempo a diez minutos, entonces también haz algunas sentadillas o zancadas para tonificar la parte inferior del cuerpo.

¿Bronceador con filtro solar o la piel sin protección?

Si utilizas tu tiempo de la comida para hacer algo de ejercicio en el exterior, está muy bien. Sin embargo, el sol es más intenso a mediodía, en especial en el verano, así que piensa en aplicarte algún bronceador con filtro solar. Investigaciones recientes han demostrado que podríamos estarnos descuidando mucho: a algunos nos falta vitamina D, la cual nuestros cuerpos elaboran mediante la exposición directa a la luz solar y es esencial para la buena salud en general y para el crecimiento, especialmente para tener huesos fuertes. Así que, ¿es mejor con filtro solar o sin él?

Los doctores recomiendan dos o tres exposiciones de veinte a treinta minutos a la luz solar directa sobre brazos y rostro desnudos una vez a la semana en los meses de verano (de abril a septiembre). Veinte a treinta minutos no es mucho tiempo, así que a menos que te cubras de manera regular y te apegues a la recomendación del médico, es una buena idea aplicar filtro solar. Asegúrate de verificar el factor de protección UVA (los UVA son un tipo de rayos solares ultravioletas), mostrado con frecuencia en la parte trasera de los envases con estrellas. Esto es muy importante, ya que es lo que te protege en contra de un posible cáncer de piel, enfermedad que va en aumento. Busca el mayor número posible de estrellas.

La mayoría de los productos muestra el factor de protección solar al frente del empaque, el cual indica cuánta protección proporciona en contra de las quemaduras y el que escojas dependerá de lo delicada que sea tu piel y de a cuánta luz solar te expongas después. No existen recomendaciones oficiales sobre la cantidad o el tipo a utilizar, pero se cree que un factor de protección solar 15 es adecuado. Si tienes dudas, escoge el que tenga más.

RESPUESTA: Bronceador con filtro solar.

Salidas nocturnas

UNA SALIDA NOCTURNA con una buena compañía, una cena en un restaurante encantador, una ida al cine o a un buen espectáculo son algunos de los placeres de la vida, en especial después de un día de trabajo estresante, de un gran esfuerzo por terminar las labores domésticas o cuidar a niños histéricos. No necesitas un psicólogo que te diga que disfrutar algunos placeres te proporciona un mejor estado de ánimo o que tener una buena red de relaciones sociales ayuda a combatir la tristeza y que las nuevas experiencias y situaciones son muy importantes para mantener activa tu mente. Pero las salidas por las noches también se pueden volver rutinarias, y si eso implica beber como un cosaco después del trabajo, o demasiada ingestión de comida chatarra o aburrirse con las mismas viejas caras y en los mismos sitios, tu salud física y mental padecerá. No obstante, seguir unas cuantas reglas básicas acerca de la comida, la bebida y tu vida social te permitirá obtener el máximo beneficio de las preciosas horas de libertad que puedas tener después del trabajo pesado del día.

Qué hacer

Debido a que muchos pasamos el día trabajando sentados frente a la pantalla de una computadora, es vital que aprovechemos al máximo cualquier tiempo libre que tengamos por las noches. Ya sea que nos reunamos con amigos o que probemos algo completamente novedoso, las posibilidades son ilimitadas.

¿Hacer lo mismo o algo nuevo?

"Adaptación hedonista" es una hermosa frase del vocabulario psicológico acuñada por los investigadores estadunidenses de la felicidad, Ken Sheldon y Sonja Lyubomirsky, la cual significa que incluso aunque disfrutes verdaderamente de algo, te aburrirá después de un tiempo. Afirman que las personas que realizan cambios positivos, como comenzar un nuevo pasatiempo o inscribirse en un club, permanecen más felices por más tiempo que aquellas que tienen un cambio significativo en sus circunstancias, como conseguir un aumento de sueldo o un coche nuevo. Con el tiempo, la emoción de esto último se agota, pero la exposición constante a nuevas experiencias, personas e ideas estimula nuestra mente y nos proporciona nuevas fuentes de placer. Así que si te gusta el teatro y ver principalmente obras en vivo, ¿por qué no ir a un musical o a la ópera?, ¿o incluso unirte a un grupo de arte dramático? Sólo piensa, unirte a un grupo de lectura es una manera excelente de descubrir no sólo un género literario o un autor que no conocías previamente, sino también conocer nuevos amigos durante la actividad. Por otro lado, entrenarte para un triatlón puede animarte a mejorar tu condición física, a iniciar un nuevo deporte y a ponerte nuevas metas en tu vida.

RESPUESTA: Haz algo diferente.

¿Nuevos o viejos amigos?

Si te sientes entusiasmado con tus antiguos amigos pero deseas conocer gente nueva o incluso una nueva pareja, Andrew G. Marshall, psicólogo y autor de *The Single Trap (La trampa individual)*, tiene un interesante punto de vista sobre los diferentes tipos de grupos de amistad. Los grupos de "vinculación afectiva" son círculos muy unidos de viejos amigos conformados por "personas como nosotros", a quienes recurrimos en busca de apoyo continuo, seguridad y afecto, como las mujeres en la serie *Sexo y la ciudad*. Tales grupos pueden, por su naturaleza, ser muy cerrados y es improbable que te permitan conocer a una persona nueva. Los grupos "puente" son distintos: los encontrarás, por ejemplo, en las clases nocturnas, los clubes deportivos o en la escuela de tus hijos. Esos grupos crean puentes entre los grupos existentes de personas y son una manera excelente de ingresar a nuevos grupos si deseas expandir tu círculo social.

RESPUESTA: Nuevos amigos.

¿Qué comer y beber?

Si sales a tomar unos tragos o vas al cine y te gustaría una pequeña botana, las opciones no siempre son tan saludables. Pero no te preocupes, existen muchas cosas que puedes comer y beber sin poner en riesgo el sabor o los beneficios para tu salud.

¿Un sándwich o un yogur para asentar tu estómago?

Si alguna vez te has reunido con tus compañeros para tomar una bebida rápida después del trabajo y te encuentras todavía ahí horas después, ya sabrás cómo te sentirás a la mañana siguiente, mucho peor por haber bebido con el estómago vacío. Los profesionales de la salud recomiendan que comas algo para llenar tu estómago antes de beber alcohol, así que un sándwich estará bien (aunque asegúrate de comer algo sencillo y nutritivo como jamón y tomate con pan integral).

Es una buena idea tener algo a la mano en el trabajo para tales ocasiones, como algunas galletas o nueces sin sal. Si tienes acceso a un refrigerador, entonces un vaso de leche o un yogur servirán para llenar tu estómago sin gran costo y relativamente con pocas calorías, ya que las grasas de los productos lácteos se digieren con lentitud y esto

¿Sabías que...?:

Las bebidas dulces con jugo pueden parecer saludables pero con frecuencia contienen una cantidad enorme de azúcar. Una botella de 275 mililitros de agua de naranja contiene 132 calorías y los refrescos de cola, por lo general, proporcionan 140 calorías en una botella de 330 mililitros, más la misma cantidad de cafeína que media taza de café instantáneo. Si te sientes satisfecho por tener tu forma de beber bajo control, lo mejor será una medida grande de ginebra y agua tónica dietética con unas 120 calorías. No le agregues ginebra y tendrás la mejor opción para una bebida refrescante además del agua.

llenará tu estómago durante más tiempo que un sándwich. El yogur con bacterias probióticas puede incluso ayudarte a la digestión.

RESPUESTA: Tomar leche o yogur.

¿Palomitas de maíz dulces o saladas?

Los alimentos que se ofrecen en algunas cadenas de cines son la pesadilla de los dietistas: helados, dulces, refrescos, palomitas repletas de aceite y azúcar, nachos con queso derretido, todo en cantidades monstruosas. Las palomitas se elaboran con una clase de maíz que se expande cuando se calienta. Están repletas de fibra, son razonablemente bajas en calorías y lo dejan a uno muy satisfecho; pero cubiertas con mantequilla, aceite, sal o azúcar se convierten en un verdadero accidente automovilístico nutricional. Si te gusta darte ese gusto, prepárate para la información que te voy a proporcionar: De acuerdo con el sitio de Internet de un cine, unas palomitas grandes acarameladas contienen 869 calorías, 29 gramos de grasa y 0.1 gramos de sal. Las palomitas con sal contienen sólo un poco menos calorías, 812, casi la misma cantidad de grasa y 4 gramos de sal, casi el total de sal permitido que se recomienda ingerir en un día. La opción menos perjudicial es una pequeña porción de palomitas saladas, que contiene unas 360 calorías y 13 gramos de grasa.

Así que si te gusta estar masticando algo mientras ves una película, por qué no evitas la tentación y te ahorras una gran cantidad de dinero llevando tus propias golosinas, como una pequeña barra de chocolate (de preferencia con 70 por ciento o más de contenido de cacao) o un paquete pequeño de dulces o pasas, una botella de refresco con gas o un envase pequeño de jugo? Acostumbra a los niños pequeños a este hábito y así no te molestarán pidiendo comida chatarra cuando vayan al cine.

RESPUESTA: Una porción pequeña de palomitas saladas.

¿Sabías que...?:

Una bebida gaseosa en una cadena de cines tiene alrededor de 1,700 calorías y 100 gramos de azúcar. Esto equivale a unas cuatro cucharadas rasas y a más de la cantidad diaria recomendada de 85 gramos establecida para los niños, y de 90 gramos para las mujeres (para los hombres son 120 gramos).

¿Cacahuates o papas fritas?

Si en el bar sientes la necesidad de comer alguna botana, ¿qué será lo mejor: unos cacahuates o unas papas fritas? Los cacahuates te mantendrán satisfecho por más tiempo ya que contienen más proteína y grasa, pero si los eliges tendrás que pagar con casi el doble de la cantidad de calorías. Hay unas 300 calorías y 25 gramos de grasa en una bolsa pequeña de cacahuates, pero únicamente 184 calorías y 11 gramos de grasa en un paquete de 35 gramos de papas fritas. Si puedes conseguir alguna variedad de papas bajas en grasa u horneadas, reducirás de manera importante la cantidad de grasa. Desde luego, los cacahuates, nueces y papas son salados, esa es la razón por la cual las venden en el bar: para lograr que estés sediento y así bebas más. Una bolsa de papas contiene unos 0.4 gramos de sal y los cacahuates unos 0.6 gramos.

RESPUESTA: Las papas fritas.

¿Aceitunas negras o verdes?

Entre las pequeñas botanas apetitosas, las aceitunas son bastante sanas gracias a su alto nivel de grasas saludables monoinsaturadas, además de pequeñas cantidades de vitamina E y otros nutrientes. Las aceitunas verdes son menos maduras que las negras y un poco más reducidas en calorías y grasas. Diez verdes contienen unas 30 calorías, mientras que diez negras sumarán unas 70. Si vienen en aceite de oliva, se incrementará la ingesta de calorías y si vienen en salmuera, te provocarán sed, así que pide un vaso con agua para comerlas.

RESPUESTA: Las aceitunas verdes.

¿Vino o *gin-tonic*?

La mayoría conoceos los lineamientos gubernamentales sobre las cantidades de alcohol que deberíamos beber: en casi todo el mundo la cantidad oficial establecida de alcohol para las mujeres es de dos o tres unidades diarias y para los hombres, de tres o cuatro. Sin embargo, qué tanto engordan nuestras bebidas favoritas es algo que no se ha determinado con claridad. El número de calorías en una bebida depende de cuánto alcohol contenga y eso varía de acuerdo a su concentración, ya sea vino, licor o cerveza. Así que para mantenerte dentro de las cantidades recomendadas diarias de alcohol y calorías, tendrás que hacer algunos cálculos. Una unidad de alcohol contiene 56 calorías. Un vaso pequeño (175 mililitros) de vino rojo, blanco o rosa son unas dos unidades, así que contienen alrededor de 110 calorías. Una medida de ginebra (25 mililitros), con una bebida mezcladora sin calorías es una unidad, así que tiene 56 calorías. La ginebra contiene menos congéneres que el vino rojo, los cuales son sustancias que les proporcionan a algunas bebidas alcohólicas un color más oscuro y que se cree contribuyen a las resacas.

El alcohol y las calorías en la cerveza, el vino y la sidra pueden variar entre 1.7 unidades y unas 100 calorías en una botella de 330 mililitros de cerveza o lager premium, hasta tres unidades y unas 170 calorías para medio litro de sidra regular. En bebidas con azúcar o crema añadidas, como algunos licores y las mezclas de bebidas alcohólicas embotelladas, la cantidad de calorías se incrementa en gran medida. Así que si tienes el suficiente autocontrol para apegarte a un *gin-tonic*, esa es la mejor opción, la más inteligente en cuanto a calorías y alcohol se refiere.

RESPUESTA: Un *gin–tonic.*

LOS EXPERTOS OPINAN

Una unidad de alcohol se refiere a cuánto puede procesar tu hígado en una hora, de manera que no haya nada en tu corriente sanguínea. Si bebes un vaso grande de vino (250 ml.) que contiene tres unidades de alcohol, le tomará a tu cuerpo unas tres horas procesarlo. "Todos deberían tener al menos dos días a la semana en los que no ingieran alcohol", sugiere el profesor Ian Gilmore, presidente de Alcohol Health Alliance.

¿Sabías que...?:

Una botella de vino con diez unidades de alcohol contiene 560 calorías. Es el equivalente a dos barras de chocolate, donde una barra de 62 gramos contiene 280 calorías.

Consejos para citas

Como sabe cualquier persona soltera que busca encontrar al amor de su vida, a menudo la mejor forma de hallar "al elegido" es salir por ahí y tener citas hasta caer rendido. Así, mientras la escena de los solteros crece cada vez más, es bueno seguir algunas reglas sencillas para que te asegures que llevarás a cabo citas que sean seguras.

Primera cita: ¿bebidas o cena?

Una encuesta efectuada por la organización de sondeos YouGov indica que en el Reino Unido casi una tercera parte de las personas emplea alguna clase de agencia para conseguir una cita, ya sea en Internet o en anuncios clasificados. No hay nada malo en ello; muchas parejas felices se han conocido y continúan conociéndose a través de ellos. No obstante, los consejeros en relaciones son unánimes en el consejo que dan cuando sales en una primera cita con un extraño: debes evitar ir a una comida: podrías sentirte atrapado con alguien que no te agrada o que incluso te parece siniestro. Su consejo es que mantengas la cita breve. También sugieren que las mujeres tengan cita en un territorio que les sea familiar, por ejemplo, el bar de su localidad, de manera que no se vean aisladas en un lugar desconocido, y también que le hagan saber a un amigo dónde están y a qué hora esperan regresar a casa.

RESPUESTA: Las bebidas son lo mejor.

¿Tocar o no tocar?

La idea de que a las mujeres les parezcan más atractivos los caballeros seguros de sí mismos y de un nivel social elevado que los hombres de un nivel más bajo casi no es sorprendente. Desde un punto de vista evolutivo, era más probable que los hombres de un nivel elevado fueran mejores parejas, así que chicos, hagan lo mejor que puedan por mostrarse seguros de sí mismos. Los experimentos llevados a cabo por el psicólogo francés Nicola Guéguen revelaron que los hombres que tocaron ligeramente en el brazo a una mujer tuvieron una posibilidad mayor de conseguir una respuesta positiva a una solicitud para una cita o para ir bailar, que quienes no lo hicieron. Se cree que esto se debe a que calificamos a los “tocadores” como más dominantes que quienes no tocan. Otros experimentos muestran que las personas que desean algo de otras tienen una mayor probabilidad de conseguirlo si las tocan. Así que si alguien te parece atractivo, un ligero roce en el brazo podría llevarte por un largo camino. Desde luego, la situación también podría producir un mal resultado, así que procede con precaución.

RESPUESTA: Tocar.

Condón: ¿al principio o después?

Si tienes la costumbre de tener relaciones sexuales de una sola noche, no esperes a empezar para hablar sobre el tema de los condones. Esto es importante en especial para las mujeres, ya que les da seguridad y deja claro al hombre que ellas tienen el control de la situación. Es fácil dejarse llevar por el calor del momento y para entonces ya puede ser demasiado tarde. Los estudios demuestran que aquellas personas que resultaron infectadas con enfermedades de transmisión sexual eran más propensas a tener sexo inseguro o carecían de la habilidad y la confianza para negociar sexo seguro. Así que usa el condón antes de tener cualquier contacto genital y antes de usar juguetes sexuales. El sitio en Internet del Sistema Nacional de Salud sugiere establecer una línea que no deberás cruzar hasta que se llegue a un acuerdo sobre el tema. Por ejemplo, decirse a uno mismo: “No me bajaré el cierre hasta que no haya propuesto que se debe usar un condón”.

RESPUESTA: Al principio.

Comer fuera

En alguna ocasión busqué en todas partes libros de cocina escritos por *chefs* de restaurantes importantes para incluir recetas saludables en una nota periodística. Fue sorprendentemente difícil encontrar alguno. Los platillos elaborados por cocineros profesionales a menudo saben bien porque están saturados de sal, azúcar y grasa para darles buen sabor. El truco para comer de manera saludable cuando salgas a comer fuera (incluyendo los lugares de comida rápida) es saber cómo detectar los platillos cargados con estos ingredientes y evitarlos. Pero más que observarlos en el menú y pensar con tristeza: "¡Dios mío! No puedo comer eso, ni esto", busca todo aquello a lo que le puedas decir sí y elígelo.

A continuación te presento algunos alimentos "permitidos" y "prohibidos", más algunas sugerencias acerca de cómo comer de forma saludable en diferentes clases de restaurantes.

Desde luego, si no estás cuidando tu peso o no estás preocupado por un padecimiento cardiaco, entonces, ¡buen provecho!

Di sí a...

- Entradas conformadas por ensaladas (pide el aderezo a un lado o sólo un poco de vinagre balsámico).

- Salmón ahumado.
- Melón.
- Sopa desgrasada.
- Carne de res o pescado a la parrilla.
- Un par de bolas de helado de vainilla o de fruta.
- Caramelo cremoso.
- Ensalada de frutas frescas.

Di no a...

- Porciones enormes: a pesar de que pagaste por ellas, no tienes que comértelas todas.
- Canasta de pan.
- Porciones de mantequilla.
- Cualquier alimento con crema encima.
- Cualquier alimento frito.
- Cualquier alimento con queso gratinado, ya que contiene gran cantidad de grasa.
- Opciones de verduras que se ven saludables pero que con frecuencia están repletas de crema o salsas grasosas para darles sabor, como lasaña con verduras o tarta.
- Queso: en salsas o en porciones grandes como alternativa al postre.
- Chocolates pequeños que vienen con el café.

¿Comida china o hindú?

La comida hindú es rica en semillas saludables, como las lentejas, y en verduras y carne magra, como el pollo, aunque también puede ser muy pesada por el ghee, una forma de mantequilla que contiene mucha grasa saturada. Los panes como el *puri* están fritos, así que contienen calorías ocultas, y hay más grasa en la crema usada en los platillos malai y korma.

La comida china, al menos la que se encuentra en muchos restaurantes, también tiene opciones como platillos con carne magra y verduras. Sin embargo, la mayor parte de ella está bien frita y se sirve con fideos repletos de fécula, así como con salsas dulces y saladas; por ejemplo, el cerdo agridulce. Se cree que el saborizante glutamato monosódico utilizado en la cocina china ocasiona una diversidad de síntomas desagradables, que incluyen náuseas, dolor de pecho y mareo, todo lo cual se conoce como el "síndrome del restaurante chino", aunque muchos estudios no han podido comprobarlo.

Todo dependerá de qué tan inteligentemente navegues por los menús, y si evitas las opciones grasosas y cremosas de las opciones hindúes y te concentras en las semillas y verduras con poca carne de res y pescado y un poco de arroz sin grasa (uno de los platillos a base de arroz preferidos, el pilau, contiene grasa), la comida hindú será la elección más saludable. Intenta llenar la mitad de tu plato con verduras y la otra mitad con proteína magra, arroz simple y muy poca grasa.

RESPUESTA: La comida hindú.

¿Pan de ajo o *bruschetta*?

Seguro pensarás que la *bruschetta*, con su saludable cubierta de tomates frescos, cebollas y hierbas, sería la opción más sana, pero según una cadena de pizzas, la *bruschetta* contiene 534 calorías, en comparación con el pan de ajo de la misma cadena, con 238 calorías. Las calorías extras en la *bruschetta* probablemente provienen del aceite de oliva utilizado para freír el pan y para la cubierta. Si no estás cuidando tu peso, la *bruschetta* tendrá más nutrientes que el pan de ajo, pero asegúrate de compartirla.

RESPUESTA: El pan de ajo.

¿Hummus o taramasalata?

En este caso no hay competencia. Gana el hummus sin lugar a dudas, pero con moderación. La combinación de garbanzos, tahini (elaborado con semillas de sésamo), aceite de oliva y ajo, convierte a este platillo en una entrada más saludable que la taramasalata. Esta última es elaborada con un poco de hueva de bacalao, rica en proteína, y con grandes cantidades de aceite y migajas de pan que le dan su adorable textura cremosa. Tanto el hummus como la taramasalata tienden a hacer subir demasiado de peso, con unas 230 calorías y 23 gramos de grasa en una porción de 50 gramos de taramasalata, y 160 calorías y 14 gramos de grasa en la misma cantidad de hummus. Me resulta difícil decir cuál es la diferencia entre el hummus con poca grasa y el normal, así que si lo comes en casa vale la pena comer de los dos. La taramasalata con poca grasa también se puede conseguir, si es que no puedes resistir la tentación.

RESPUESTA: El hummus.

¿Ensalada como entrada o un plato fuerte?

Un pequeño estudio en Estados Unidos observó que las personas que comieron como entrada una ensalada que los dejara satisfechos, pero baja en calorías (100 calorías), acompañada con un aderezo ligero, y luego seguida por pasta, consumieron 12 por ciento menos calorías durante la comida que aquellos que no tuvieron ninguna entrada. Estas personas ahorraron 100 calorías en una comida. En una semana, esto podría significar una gran reducción calórica, ¡así que primero come tu ensalada! Para mantener reducido el consumo de calorías, come ensaladas sencillas que consistan principalmente en verduras con hojas, tomates y pepino. Siempre pide tu aderezo por separado, de manera que puedas controlar cuánto agregar, y trata de apegarte al aceite sencillo, el jugo de limón o el vinagre, o bien vinagre balsámico. Incluye aderezos cremosos, con queso, y estarás agregando calorías y grasas saturadas.

RESPUESTA: Ensalada como entrada.

¿Pasta o pizza?

No tiene nada de malo la pasta en sí, lo que es malo son las salsas cremosas, la carne grasosa, el queso y la grasa que la cubre. Sin embargo, la pasta puede ser muy saludable, en especial si la porción no es demasiado grande, si el chef no fue muy espléndido con el aceite de oliva y si es servida con mucha salsa de tomate, verduras y proteína magra. Una pasta marinera (con mariscos) es un buen ejemplo, o una napolitana (con una salsa de tomate sencilla).

No se puede decir lo mismo de la pizza: ésta es en esencia fécula en la base y grasa del queso en la cubierta. Y si le añades ingredientes extras como carne, las calorías y la grasa se acumularán. Seleccionemos las ofertas de Pizza Hut: por ejemplo, de acuerdo con su sitio en Internet, una pizza italiana normal de 28 centímetros incluye desde 1,020 calorías, 15.6 gramos de grasa saturada y 3.9 gramos de sal para una pizza sencilla, hasta 1,140 calorías, 16.2 gramos de grasa saturada y 5.4 gramos de sal para una Meat Feast. Es casi la cantidad total diaria de grasa saturada y sal recomendada para un adulto. Existe una diferencia mayor entre las opciones de pasta, donde la pasta con salmón contiene 832 calorías, 25.4 gramos de grasa saturada y 3.27 gramos de sal, y con trozos de pimiento con camarones, 525 calorías, con 2.3 gramos de grasa saturada y 3.83 gramos de sal.

Es más sencillo encontrar pasta más saludable que una pizza. Es interesante que el sitio de Internet de Pizza Hut únicamente proporciona información nutricional por rebanada al lado del número de rebanadas que tiene cada pizza, así que tuve que hacer algunas operaciones matemáticas. Algo curioso.

RESPUESTA: La pasta.

¿KFC o McDonald's?

Ambas cadenas se han esforzado por incluir productos más saludables en sus menús, como ensaladas, jugos, grasas alternativas para las frituras y, en el caso de KFC, pollo a la parrilla en lugar de frito; ahora McDonald's también exhibe el contenido calórico de todos los alimentos en sus menús. Pero si cruzas la puerta de alguno de estos establecimientos, probablemente no tendrás como prioridad en tu mente la medida de tu cintura sino la ansiedad de comer comida chatarra que muchos de nosotros sentimos de vez en cuando. Así que, ¿será una Big Mac o un paquete de piezas de pollo? De acuerdo con el sitio de Internet de KFC, el paquete con tres piezas de pollo receta secreta, papas y una Pepsi, contiene 1,100 calorías. McDonald's no proporciona calorías para los paquetes de comida en su sitio en la red, pero si sumas una Big Mac, unas papas medianas y una Coca mediana, obtendrás 990 calorías. No hay mucho de donde escoger entre ambos tipos de comida, a menos que puedas disminuir unas 160 calorías de la opción de McDonald's al reducir el tamaño de las papas y la Coca a porciones pequeñas. O pedir una Cajita feliz (a los adultos también se les permite comerlas). Con una hamburguesa, una porción pequeña de papas y jugo de naranja, podrás engullirte unas 600 calorías. Pero piensa que esa es una comida fuerte, no un pequeño antojo.

RESPUESTA: McDonald's.

¿Doner kebab o shish kebab?

Quizá hayas sido alguna vez un comedor noctámbulo de kebab después de una noche de beber con el estómago vacío, ¿pero un *inspector* de kebab? Una encuesta realizada por inspectores locales del Reino Unido a 500 doner kebabs encontró que, sin ensalada y sin salsa, el doner kebab promedio contiene el 98 por ciento de la cantidad recomendada de sal al día, que es de 6 gramos, casi 1,000 calorías y 148% de la cantidad diaria de grasa saturada permitida para un adulto (20 gramos para las mujeres, 30 gramos para los hombres). Sin embargo, te escucho decir: "Es que era tarde y tenía hambre, y no había nada más abierto". La próxima vez opta por ordenar un shish kebab de pollo y tendrás sólo 300 calorías y 7 gramos de grasa. Pide que llenen tu pita de ensalada, agrega una buena porción de chile, el cual te ayudará a acelerar la digestión, y habrás conseguido hacer una escala saludable en el camino para cenar.

RESPUESTA: Shish kebab.

¿Vino rojo o blanco?

Recientemente se dio mucha publicidad a los descubrimientos de que el vino rojo es muy benéfico, mientras que no ha habido descubrimientos equivalentes acerca del vino blanco. Uno de los llamados ingredientes mágicos en el vino rojo es el resveratrol, una sustancia que puede ayudar a combatir las enfermedades cardiovasculares y el cáncer; se encuentra en mayores concentraciones en las uvas utilizadas en la elaboración del vino rojo que en las usadas en el vino blanco, aunque todavía en cantidades muy pequeñas. Pero como el doctor Stephen Barrett indica en su muy respetado sitio en Internet, Quackwatch, una gran parte de la investigación sobre el resveratrol se ha llevado a cabo en animales de laboratorio y no en seres humanos. A pesar de las buenas noticias respecto al vino rojo, no permitas que los posibles beneficios pesen más que los riesgos y comiences a querer beberte todo el Cabernet Sauvignon. Existen riesgos implícitos al beber alcohol, tal como una adicción o una enfermedad del hígado e, irónicamente, enfermedades cardiovasculares y cáncer.

RESPUESTA: El vino rojo.

¿Sabías que...?:

De acuerdo con el Departamento del Medio Ambiente, Alimentos y Asuntos Rurales, el Reino Unido gastó 174,000 millones de libras en alimentos, bebidas y banquetes en 2009, 30% de los cuales se gastó en comer y beber fuera de casa. Durante temporadas de crisis económicas, el gasto en comida rápida y barata tiende a incrementarse. Eso significa cuantiosas ganancias para el negocio de comidas que prefiere atiborrarnos con bebidas baratas y comida chatarra grasosa y azucarada.

Noches en casa

QUIZÁ ESPERES CON IMPACIENCIA todo el día para tener una noche tranquila, donde puedas convivir con la familia con una cena hecha en casa, quitando del camino algunas tareas y pasando el tiempo haciendo lo que te gusta, pero la realidad puede ser muy diferente. Ir de compras y cocinar puede volverse un problema estresante; discutir por las labores que se tienen que llevar a cabo o bien respecto a cuánto tiempo se puede pasar echado frente a la televisión, puede convertir la vida diaria en un drama doméstico.

Comprender cómo abrirte camino a través de las confusas decisiones que tienes como consumidor, preparar cenas rápidas, sencillas y nutritivas, así como evitar las discusiones y terminar las labores domésticas de manera eficiente, es algo posible de lograr. Además, como les agradará escuchar a los insomnes, también representa una buena noche de sueño. Aquí te digo cómo lograrlo.

Compra de alimentos

¿Orgánico o inorgánico?

Este es un tema sensible, donde los del bando pro-orgánico esgrimen hechos espeluznantes acerca de residuos de pesticidas en los alimentos que se introducen en nuestro cuerpo. Sin embargo, análisis recientes de las evidencias han descubierto que hay poca diferencia en la composición nutricional de los alimentos orgánicos e inorgánicos y que no existen beneficios muy marcados en estos últimos. Si el tema de la seguridad en los alimentos te molesta, quizá estés interesado en escuchar que la mayoría de los brotes de envenenamiento por alimentos están relacionados con la higiene en la producción y manejo de estos, y no con la contaminación de los mismos. El bando orgánico es más convincente en el campo ambiental y del cuidado de los animales: los métodos agrícolas industriales exponen a la tierra y las fuentes de agua a pesticidas y fertilizantes químicos, y a los animales a medicamentos y hormonas para el crecimiento. A algunos compradores también les gusta apoyar la mayor inversión de tiempo y dinero de los agricultores que se inclinan por lo orgánico.

No obstante, lo que desanima a algunos compradores es el costo extra, a pesar de que un informe de la Comisión de Comercio Orgánico demostró que muchos alimentos orgánicos básicos, incluyendo los productos lácteos, el té y el café, el pan y las hojuelas de maíz, pueden ser más baratos que los producidos de manera tradicional. Por ejemplo, comprar la marca propia de alimentos orgánicos de una gran cadena de supermercados podría resultar más económico que las marcas regulares en una tienda pequeña.

Si tienes ganas de comprar más alimentos orgánicos pero no te es posible hacerlo todo el tiempo, podrías considerar comprar alimentos orgánicos básicos como zanahorias y leche, ya que éstos sólo cuestan un poco más que sus contrapartes inorgánicas. O bien, ¿por qué no gastar el dinero extra que te sea posible en alimentos de primera una vez a la semana, como un corte de carne orgánica de alta calidad suficiente? Pero si es el costo lo que te preocupa, entonces continúa con los alimentos inorgánicos.

RESPUESTA: Alimentos inorgánicos.

¿Leche baja en grasa o *light*?

Este es un buen ejemplo de cómo las etiquetas en los alimentos pueden engañarte. Para decir que un alimento es *light*, debe tener un mínimo de 30 por ciento menos que los productos normales en por lo menos un elemento alimenticio típico, como la grasa o el azúcar. La etiqueta debe explicar con exactitud lo que se ha reducido y en cuánto, por ejemplo, "*light*: 30 por ciento menos grasa". Si se trata de un producto con gran cantidad de grasa, como el queso, incluso la versión *light* puede estar repleta de calorías; además, la versión *light* de una marca puede contener la misma cantidad de grasa o calorías que la versión normal de otra.

La palabra "baja" es menos confusa. Una afirmación de que la comida es baja en grasas sólo puede hacerse cuando un producto sólido contiene no más de 3 gramos de grasa por cada 100 gramos o 1.5 de grasa por cada 100 mililitros en un líquido. Si no tienes ganas de leer la etiqueta *light*, opta por "baja". No obstante, ten en mente que los fabricantes con frecuencia sustituyen el azúcar por grasa para mejorar el sabor. Las grasas son esenciales en nuestra dieta, así que si tu corazón es saludable y no necesitas bajar de peso, las opciones con grasa normal están bien.

RESPUESTA: Baja en grasa.

¿Úsese a más tardar o antes de?

La etiqueta "antes de" se utiliza para mostrar a los compradores la fecha en que un alimento ya no se encuentra en su mejor condición (aunque todavía es seguro para comer). La etiqueta "úsese a más tardar" tiene como propósito mostrar a los compradores la fecha en que un alimento se vuelve inseguro para comer (ésta tiende a aparecer más en los alimentos frescos). Aunque ésa es la postura oficial, de acuerdo con la Agencia de Normas Alimenticias, sólo un 25 por ciento de las personas hacen caso a esto. La mayoría de nosotros tiende a usar los ojos y la nariz para ver si la comida es apropiada para comer, si está mohoso y huele mal es probable que se vaya al bote de la basura. Sin embargo, definitivamente esto no es un consejo, sólo una observación personal.

RESPUESTA: Úsese a más tardar.

¿Sabías que...?:

A pesar de que los hornos de microondas utilizan una forma de radiación para cocinar alimentos, ésta no es lo suficientemente fuerte para ocasionar un daño químico a tu cuerpo. Calienta los alimentos pero no cambia su estructura. Si te preocupa que usar un microondas sea peligroso, ¡relájate! Los hornos de microondas usan menos energía que los hornos eléctricos convencionales, y también ahorran tiempo ya que son muy rápidos. Como son excelentes para calentar sobrantes de comida o para descongelar porciones de comida que ha sido cocinada previamente y congelada, eso también ahorra tiempo. Al poder utilizar pequeñas cantidades de grasa o agua para cocinar pescado o verduras, cocinar en el microondas puede ser muy saludable. Sólo ten cuidado de no quemarte cuando sujetes alimentos muy calientes y asegúrate de que están cocinados de forma homogénea. Esto es muy importante, en especial cuando das de comer a los niños.

¿Congelado o enfriado?

Existe la impresión de que el alimento que sólo está enfriado es en cierto modo más saludable que el congelado, pero eso a menudo tiene mucho más que ver con la forma en que es empacado y presentado. Las cajas de comida almacenadas en un congelador rara vez se ven tan apetitosas como las que son únicamente enfriadas. Pero los alimentos enfriados listos para servirse pueden contener más aditivos y estabilizadores que aquellos que fueron preservados mediante congelamiento. Por ejemplo, el pescado y los chícharos se congelan tan rápido que pueden contener más nutrientes y estar más frescos que sus equivalentes enfriados. También, el alimento congelado es a menudo más económico: saca del congelador unas deliciosas fresas del verano y compáralas con fresas importadas fuera de temporada. Como la comida congelada dura más tiempo, es menos probable que sea tirada a la basura porque se echó a perder antes de que la comieras. De acuerdo con el grupo de campaña Love Food Hate Waste, el Reino Unido desecha anualmente 8.3 millones de toneladas de alimentos en sus hogares, lo cual le cuesta al año a una familia promedio con hijos, 680 libras o 56 libras al mes y, además, esto tiene graves implicaciones ambientales.

No frunzas la nariz ante las verduras y frutas enlatadas: el maíz, los frijoles, duraznos y las peras son excelentes alimentos de primera necesidad para la despensa, pero es mejor que busques la fruta en jugo en lugar de en almíbar.

RESPUESTA: Alimentos congelados.

Hora de cenar

La cena es un gran momento para reunirse con los amigos y la familia; además, una cena bien cocinada y saludable significa que podrás ahorrarte una comida fuera en un restaurante y mantener bien vigilado tu consumo de calorías.

¿Cenar temprano o tarde?

Puedes haber escuchado que es menos probable que quemes calorías si consumes tus alimentos ya tarde por la noche, así que sería mejor que cenaras temprano. Sin embargo, varios experimentos han demostrado que esta afirmación no es cierta. Es la cantidad que comes en general, no cuándo lo comes, lo que importa. Las personas que comen tarde por la noche podrían tener más peso porque comen más durante el día. No obstante, los expertos del sueño advierten que hacer una comida abundante o beber una gran cantidad de alcohol ya tarde en la noche podría ocasionar problemas digestivos e interferir con el sueño.

RESPUESTA: Cenar temprano.

¿Cenar juntos o separados?

Se ha escrito mucho en fechas recientes acerca de la desaparición de la comida familiar. Todos están tan ocupados en el trabajo o haciendo sus tareas después de la escuela que es imposible sentarse todos juntos. Aparentemente, esto perjudica nuestra estructura social y nuestra salud. Algunos científicos sociales han descubierto ciertas evidencias que indican que los adolescentes que participan en pocas comidas familiares son más propensos a dejarse llevar por los malos comportamientos, como ingerir drogas, fumar y beber alcohol. Existen evidencias de que los niños que comen de manera regular con sus familias consumen una dieta más sana; en gran parte del mundo también existe una correlación entre la proporción de más comidas familiares con mejores calificaciones en los exámenes escolares. No obstante, no siempre resulta claro a partir de las evidencias si las "comidas familiares" representan algo más, como el ingreso y la clase social.

Es fácil ponerse romántico con la idea de estar todos sentados a la mesa y disfrutar de una adorable cena preparada en casa, participando en una interesante y entretenida conversación. No obstante, las comidas familiares pueden ser un infierno si el cocinero está muy tenso o si todos terminan discutiendo. Esto también debería compararse con las ventajas de las actividades en las que todos participan, como los deportes y la música.

Así que si tomamos en cuenta otros intereses que impiden que muchas familias pasen tiempo juntos, es una buena idea tratar de comer unidos en armonía al menos un par de veces a la semana. No hay necesidad de preocuparse por cocinar en casa, la comida para llevar o ya preparada podría ser de utilidad. Las comidas familiares son importantes para aprender buenas habilidades sociales y aprovechar al máximo la oportunidad de estar juntos, así como por los alimentos que comes.

RESPUESTA: Cenar juntos.

¿Sabías que...?:

Una de las mejores guías para disfrutar una comida balanceada es el "plato del buen comer". Éste es un diagrama que muestra un plato de comida que contiene una tercera parte de fruta fresca y/o verduras y una tercera de carbohidratos, como pan, papas, pasta o arroz (de preferencia integral). La otra tercera parte consiste en cantidades iguales de proteína de carne roja, pescado o leguminosas y en productos lácteos como queso y yogur, dejando poco espacio para alimentos y bebidas con gran cantidad de grasas y azúcar. Busca en Google el "plato del buen comer" y te muestra una excelente versión fotográfica de tal manera que la puedas imprimir y pegar en el refrigerador (ver a continuación).

El "plato del buen comer" muestra cómo balancear los grupos de alimentos.

¿Crudo o cocido?

Comer frutas y verduras sin cocer y mordisquear nueces puede parecer algo "natural" y por consiguiente saludable, pero ¿qué hay acerca de la dieta de moda de sólo comer alimentos crudos, donde no se permite ningún alimento cocinado? Si caemos en los extremos, un estudio en Alemania concluyó que una dieta de alimentos crudos puede ser perjudicial, en especial para la salud del corazón, debido a que le faltan ciertos nutrientes esenciales. Las frutas y las verduras crudas contienen mucha fibra cruda, la cual puede irritar tus intestinos y ocasionar molestos gases. Desde luego que las ensaladas y las frutas son buenas para tu salud y nadie puede argumentar que los vegetales bien cocidos no son nutritivos y deliciosos o que una dieta vegetariana no es saludable; sin embargo, lo que se debe buscar es un equilibrio entre los alimentos crudos y los cocidos ligeramente al vapor, apenas hervidos o bien cocidos.

Si estás cuidando tu peso, no necesitas agregar a la mayoría de la fruta cocida montones de azúcar; en su lugar intenta agregarle el jugo de una naranja pequeña o una manzana y experimentar con especias como la canela para añadirle sabor. Otros alimentos crudos, como los huevos, los mariscos o la carne, pueden ser perjudiciales si no se manejan con precaución; por lo demás, no se recomiendan para las mujeres embarazadas.

RESPUESTA: Cocido.

¿Brócoli o espinaca?

Ambos vegetales encabezan la lista de alimentos súper saludables, pero si al cocinar en casa tienes que elegir entre uno de los dos, ¿cuál sería el elegido? La espinaca es rica en hierro, calcio y ácido fólico, éste último esencial para el desarrollo del feto, además de que contiene una gran abundancia de otras vitaminas y nutrientes; no obstante, tienes que comer una gran cantidad para obtener los beneficios: 80 gramos de espinaca cocida cuentan como una de las cinco porciones diarias. Eso es como un tazón de cereal lleno de hojas crudas, o apenas dos cucharadas copeteadas de espinacas cocidas.

El brócoli necesita cortarse un poco, no se reduce cuando lo cueces, es igual de nutritivo, y dos cabezas de tamaño decente cuentan como una porción.

Quizá es mejor no poner a hervir ninguno de estos vegetales porque las vitaminas solubles en agua se desperdiciarán en parte. En lugar de ello, cuécelos al vapor o fríelos durante unos cuantos minutos. Puedes tratar de convencer a los niños que odian el brócoli si lo sirves como un cono de helado. Toma una cabeza de brócoli cocida con todo y tallo, encájale un palito de zanahoria de manera que se vea como trozos de chocolate en un helado y deja que lo coman con los dedos.

RESPUESTA: El brócoli.

¿Sabías que...?:

El término súperalimento fue acuñado por el oftalmólogo estadunidense, Steven Pratt, en su libro publicado en 2003, *SúperalimentosRx*. El término es sólo un truco publicitario, pues si comes únicamente estos alimentos tu dieta no estará muy balanceada. Reciben este nombre por la cantidad extra de vitaminas y minerales que contienen más allá de los grupos de alimentos básicos, como proteínas, grasas y carbohidratos. Los "súperalimentos" son:

Frijoles	Calabazas	Tomates
Arándanos	Salmón	Pavo
Brócoli	Soya	Nuez
Avena	Espinacas	Yogur
Naranjas	Té	

¿Tomates o estatinas?

Las enfermedades cardiovasculares son en la actualidad la causa más importante de fallecimientos en todo el mundo y las estatinas ayudan a disminuir los niveles elevados de colesterol en la sangre, un factor de riesgo en los padecimientos cardiacos. El Simvastatin es actualmente el medicamento más recetado en el Reino Unido, con seis millones de personas tomándolo cada año, el cual también cuenta con una versión con una dosis menor disponible sin receta médica. Los médicos están de acuerdo en que las estatinas pueden ayudar a las personas que ya han sufrido algún problema cardiaco, como un ataque al corazón, al disminuir la posibilidad de que ocurra otro, pero las opiniones no son muy claras respecto a si las personas que no han tenido ningún problema deben tomar el medicamento. En un pequeño número de pacientes que lo usan pueden existir efectos secundarios graves.

Cuando los periódicos informan que el licopeno, que se encuentra en los tomates (y otros vegetales rojos), es tan efectivo como las estatinas, se escucha como una buena noticia. Sin embargo, aunque la ingesta de grandes cantidades de licopeno puede reducir el colesterol y la presión sanguínea, no se han llevado a cabo experimentos apropiados para comparar su eficacia con las estatinas. Esto no quiere decir que no haya ninguna razón para comer tomates, ya sean crudos, cocidos e incluso en salsa de tomate y, desde luego, una dieta saludable en general puede ayudar a reducir el riesgo de una enfermedad cardiovascular.

RESPUESTA: Las estatinas.

¿Aceite de girasol o de oliva?

Nuestros cuerpos necesitan en su dieta las grasas para obtener energía y para apoyar importantes funciones corporales como el crecimiento de las células, pero algunas grasas son más saludables que otras. Tanto las del aceite de girasol como las del aceite de oliva se consideran saludables ya que contienen grasas monoinsaturadas y poliinsaturadas y menos grasas saturadas que la mantequilla, el tipo de grasa asociada con el colesterol elevado y un mayor riesgo de enfermedades cardiacas. En lo que respecta a las calorías que contienen, no hay mucha diferencia entre ambos, pero sí existen algunas diferencias nutricionales: el aceite de oliva es más rico en grasas monoinsaturadas, las cuales ayudan a reducir el colesterol en la sangre, y el aceite de girasol contiene más grasas poliinsaturadas, las cuales contienen ácidos grasos omega 3 y omega 6. (Para mayor información acerca de las grasas por favor consulta la página 195). El aceite de girasol también es rico en vitamina E, la cual ayuda a prevenir el daño a las células y los coágulos de sangre, así como a reforzar tu sistema inmunológico.

Desde luego, podrías utilizar ambos. El aceite de girasol es mejor para freír ya que tiene un punto de calentamiento mayor, pero el aceite de oliva tiene muchos otros usos: se puede freír con él y sirve como aderezo para ensaladas. Si vas a comprar sólo un tipo de aceite, el aceite de oliva es quizá la mejor opción.

RESPUESTA: El aceite de oliva.

¿Sabías que...?:

El queso parmesano contiene una gran cantidad de grasa y sal. A esto se debe que tenga buen sabor. Pero por otro lado, esto se compensa pues es rico en calcio ya que contiene más del doble de la cantidad de calcio que un queso Chedar del mismo peso y tiene sólo un poco más de grasa y calorías. Así que espolvoréalo en ensaladas y pastas en lugar de una porción mayor de queso más ligero.

¿Cocinar con vino o con caldo?

Agregar una o dos cucharadas de vino al sartén podría parecer una indulgencia desagradable, pero una parte del alcohol y las calorías se queman en el proceso de cocción. La cantidad que quede dependerá de la temperatura y del tiempo de cocción y de qué tanto se mezcle el alcohol con la comida. Un *Boeuf Bourguignon* (Filete de ternera a la Borgoña) cocinado con lentitud, terminará con menos alcohol que unas *Crepes Suzette*, las cuales son flameadas brevemente en el sartén. Si eres la clase de cocinero al que le gusta agregar una cucharada de alcohol mientras prepara una comida, corres el riesgo de beber más de lo que pretendías. Desde luego que el alcohol le añade un mayor sabor a los alimentos, pero eso también lo hace el caldo, las hierbas de olor, las especias y un poco de salsa Worcestershire o salsa de soya y vinagre balsámico, y estos son mucho más económicos.

RESPUESTA: El caldo.

¿Porciones pesadas o calculadas?

Un antiguo colega mío alguna vez perdió 2.25 kilos en un mes sin guardar dieta, sin hacer más ejercicio y sin morirse de hambre. Su arma secreta fueron un par de básculas en las cuales pesaba sus alimentos. Esto podría parecer el comportamiento obsesivo de una diva de Hollywood, pero una de las razones por la que los expertos creen que estamos ganando más peso de manera colectiva, es un enorme incremento en el tamaño de las porciones durante los últimos veinte años, gracias en gran medida a una industria alimenticia que se aprovecha de nuestra gula al ofrecernos alimentos procesados producidos en masa y empacados con carbohidratos y grasas baratos que le cuestan muy poco al fabricante. Por ejemplo, la nutricionista Amanda Ursell menciona que un panecillo típico solía pesar unos 50 gramos y proporcionaba 151 calorías, pero que en la actualidad esos panecillos se pueden conseguir en las cafeterías con un peso de 190 gramos y un contenido calórico de 600 calorías. Los biólogos evolucionistas creen que no estamos programados para resistir la comida abundante; al igual que nuestros ancestros que cazaban y buscaban comida para su sustento, si está ahí, nos lo comeremos. La diferencia es que en la actualidad es más difícil evitar la comida que encontrarla.

Aunque actualmente un gran número de fabricantes indican tamaños sugeridos de porciones en sus empaques, por lo general lo expresan en gramos, pero ¿cuántos de nosotros sabemos con exactitud cuánta pasta seca, por decir, hay en una porción de 80 gramos? Es sólo un par de puñados grandes. Una colega, quien no tenía exceso de peso, sólo curiosidad, quedó muy sorprendida por cómo sobreestimó los tamaños de las porciones sugeridas. Quizá podría ser importante hacer el experimento durante unas cuantas semanas. Después de un cierto tiempo sabrás de manera automática el tamaño "correcto" de la porción.

RESPUESTA: Porciones pesadas.

¿Una rebanada de pay de queso o queso y bísquets?

Cuando llegamos al final de una comida y no podemos elegir entre el pastel y el queso, nos preguntamos, ¿cuál tendrá menos calorías? Una porción de 100 gramos de pay de queso de grosella de un conocido supermercado contiene 240 calorías, las cuales en su mayoría provienen de carbohidratos azucarados y grasas, con sólo una pequeña cantidad de nutrientes, como la proteína y el calcio, que se encuentran en el queso.

Si te sientes tentado a comer el queso y los bísquets, una porción de 30 gramos de queso Chedar, del tamaño de una caja de cerillos, contiene de 80 a 100 calorías, dependiendo del tipo. Lo mejor es escoger quesos bajos en grasa como el queso de cabra, el queso feta o el Brie. Un par de galletas integrales, como las de avena, proporcionan unas 100 calorías. Así que el queso y los bísquets suman menos calorías que el pay de queso y también tienen un mayor valor nutricional, ya que contienen mucho menos azúcar, una proporción mayor de nutrientes y no hay que olvidar la fibra de las galletas. Agrega unos cuantos palitos de apio o un puñado de uvas y obtendrás una de tus cinco porciones diarias de fruta y verdura.

RESPUESTA: Queso y bísquets.

¿Sabías que...?:

Si te bebes media botella de vino con tu comida eso significará unas 250 calorías. Si haces esto cada noche sumarían unas 1,750 calorías a la semana, casi como un consumo diario extra de 2,000 calorías recomendado para las mujeres.

¿Satsuma o plátano?

¿Cuál es la más saludable de todas las frutas? Esto es imposible de determinar: todas ellas proporcionan vitaminas, fibra y otros nutrientes importantes en cantidades diferentes, así que la "dieta del arcoíris", que sugiere comer una variedad tan amplia como sea posible de alimentos de diferentes colores, tiene mucho para recomendarla. No obstante, la fruta contiene azúcar, así que no está exenta de calorías. Come tres plátanos al día y te habrás comido más calorías que las que tiene un sándwich de jamón y tomate, y menos nutrientes, ya que un sándwich saludable contiene un mejor balance de proteínas, vitaminas y carbohidratos. Con base en información del sitio weightlossresources.com, la lista que se presenta a continuación muestra el número de calorías en cada porción de 100 gramos de fruta, la cual es más o menos el peso de un plátano grande o una manzana mediana.

Satsumas	22.6
Fresas	27.6
Melones	29.5
Peras	34.7
Manzanas	47.5
Kiwis	49
Uvas	61.5
Naranjas	62.1
Plátanos	95

RESPUESTA: Satsuma.

Vida doméstica

No siempre es sencillo estar a cargo de un hogar. Incluye desde mantener limpia y ordenada una casa hasta asegurarse de que las tensiones se reduzcan al mínimo. Sin embargo, existen algunas formas excelentes mediante las cuales puedes emplear con eficacia tu tiempo y seguir dirigiendo un barco unido y feliz.

¿Hacer las labores domésticas o contratar a alguien que las haga?

Existen numerosas buenas razones para que hagas tus labores domésticas. En primer lugar, esto te mantiene activa. Treinta minutos cambiando la ropa de cama elimina unas 80 calorías, lavar los pisos unas 120, aspirar unas 110. Así que un par de horas de labores domésticas podrían quemar unas 400 calorías. Esta clase de trabajo manual automático puede ser muy relajante, en especial si esto contrasta con tu día laboral.

Por otro lado, si estás tensa y exhausta, no hay nada mejor que llegar al hogar y ver una casa limpia y ordenada, si es que puedes pagar por ello. Además, existen formas más agradables de mantenerte activo, en especial si te ejercitas en exteriores, con todos los beneficios que se ha descubierto proporciona estar cerca de la naturaleza (ver Comida, en la página 83). El ejercicio también es más sociable que hacer la limpieza y existe una gran cantidad de evidencias que sugieren que es más probable que continúes practicándolo si hay otra persona junto que te mantenga motivado. Los amigos y los espacios verdes no cuestan nada. Así que, si puedes pagarlo, ¿por qué no contratar a alguien que limpie mientras haces ejercicio de una forma más agradable?

RESPUESTA: Contrata a otra persona para que las haga.

¿Lavar a 30 o 60 grados?

Campañas recientes a favor de la ecología han estado motivando a las personas a lavar su ropa a 30 grados en lugar de a 60 para ahorrar tanto energía como dinero. Pero ¿qué hay respecto a los temas de cuidado personal e higiene, tanto para ti como para tu lavadora?

Si padeces de alergias como asma o infecciones provocadas por lombrices intestinales, es aconsejable lavar la ropa de cama, las toallas, los pañuelos y la ropa interior a 60 grados para matar a los gérmenes o a los ácaros del polvo y sus huevecillos. Los ácaros del polvo aman las condiciones húmedas, cálidas, pero se mueren a la luz del sol, así que cuelga tu ropa en el exterior para que se seque. Un estudio del Sistema Nacional de Salud realizado a almohadas de hospitales en el Reino Unido, descubrió que un tercio de su peso estaba compuesto por ácaros del polvo, sus excrementos, piel muerta, bacterias y saliva. Esto equivale casi a decir que compartir las almohadas contribuye a propagar epidemias; además, se encontró que las almohadas sintéticas no son más saludables que las de pluma, como suponen muchas personas, posiblemente porque la tela utilizada en estas últimas tiene un tejido más cerrado para impedir que escapen las plumas y así supuestamente proporciona una barrera más eficaz. Lava o reemplaza con frecuencia las almohadas (no sólo las fundas), aunque quizá no quieras llegar tan lejos como el Hotel Ritz Carlton en Nueva York, que, según *The Times*, utiliza grandes almohadas con plumas de ganso que reemplaza una vez al mes.

Una lavada de vez en cuando a 70 grados ayuda a mantener la lavadora limpia y libre de residuos. El lavado constante a bajas temperaturas promueve el crecimiento de hongos y bacterias en el sello de hule de la puerta, el cual debe ser limpiado de vez en cuando con una sustancia limpiadora suave o una solución de vinagre blanco. La puerta siempre debe dejarse entreabierta para reducir la acumulación de hongos. El lavado a bajas temperaturas está bien todos los días, pero para proteger tu salud y tu máquina lavadora, es muy importante que de vez en cuando utilices agua caliente.

RESPUESTA: Lavar a 60 grados (de vez en cuando).

¿Ver televisión o jugar un juego de computadora?

Informes de prensa publicados en enero de 2010 provocaron una gran consternación al afirmar que un estudio reciente en el periódico *Circulation* había demostrado que ver televisión incrementa las posibilidades de fallecer a una edad más temprana. Sin embargo, es el comportamiento sedentario en general, no específicamente mirar televisión, el que se asocia con un aumento modesto en la tasa de fallecimientos por padecimientos cardiacos y otras causas. Eso incluye los juegos de computadora, a menos que estos sean de tipo activo donde juegas en una consola de juego. No obstante, muchos expertos, incluyendo a la creadora y diseñadora de juegos, Jane McGonigal, argumentan que los videojuegos son buenos para nosotros. Ella sugiere que incrementan el optimismo al hacer que las actividades difíciles parezcan posibles, aumentan la curiosidad, alientan nuestra participación activa y desarrollan un sentido de sorpresa y asombro. Muchos de ellos son sociables y pueden unir a amigos y extraños en una causa común. No se consigue todo esto con sólo mirar televisión. Después de sufrir una conmoción cerebral ocasionada por una leve lesión en el cerebro, McGonigal, quien tiene un doctorado, inventó un juego de computadora para ayudarse a mejorar. Se llama Superbetter y es usado por cientos de personas para ayudarse a superar y a recuperarse de sus enfermedades. (Para conocer más acerca de los adolescentes y las computadoras, véase Niños, en la página 177).

RESPUESTA: Jugar un juego de computadora.

¿Sabías que...?:

Si intentas deshacerte de un mal hábito como beber en exceso por las noches o ser desordenado, es más factible que un objetivo preciso funcione mejor que algo como "voy a ser más moderado con el vino". De acuerdo con Richard Wiseman, profesor de la Universidad de Hertfordshire, quien ha llevado a cabo una amplia investigación acerca de cómo deshacerse de los hábitos con éxito, hay cuatro puntos que necesitas saber respecto a establecer y lograr tus objetivos:

- Establece un objetivo general, por ejemplo, beber menos.
- Divídelo en pasos pequeños; decide qué días de la semana próxima no vas a beber y compra tus refrescos favoritos.
- Haz una lista de los beneficios de lograr tu objetivo, por ejemplo, bajar de peso, menos peleas con tu pareja, ahorrar algo de dinero.
- Hazlo público; dile a un amigo o a un familiar, utiliza Internet o coloca un letrero en la pared de tu trabajo.

¿Tener una pelea o morderse la lengua?

Si has tenido un día de trabajo muy largo y sólo quieres relajarte, las situaciones que te molestan en casa podrían tener el efecto contrario: parejas que se acaban el último vaso de leche o que no sacan el bote de la basura; niños que tiran la ropa y la mochila en el piso. "Mejor fuera que dentro" es la sabiduría popular aceptada cuando se trata de dejar salir toda la tensión; no obstante, en *50 Great Myths of Popular Psychology (50 grandes mitos de la psicología popular)*, los autores (quienes son profesores de psicología) argumentan que enojarse incrementa el problema y corremos el riesgo de que la disputa se intensifique. El enojo, dicen, es de utilidad sólo cuando va acompañado de una solución constructiva del problema, diseñada para atacar la fuente del enojo. Es mejor expresar el resentimiento de manera calmada y firme: "Me doy cuenta que no lo hiciste a propósito, pero me molesta cuando tomas la última porción de algo y olvidas comprar más. ¿Qué tal si ponemos una lista de compras en la cocina para que agregues las cosas cuando se acaben?".

RESPUESTA: Mejor morderse la lengua.

¿Sabías que...?:

Si tu pareja o un familiar se convierte en una fuente constante de irritación, escribir de una manera amorosa podría ayudarte a que te contengas. Esta técnica, estudiada en experimentos efectuados por investigadores estadunidenses, mostró que los participantes que pasaron veinte minutos escribiendo por qué un ser amado era tan importante para ellos incrementaron su felicidad y disminuyeron sus niveles de estrés.

Lo último del día

El final del día

Conforme se aproxima la hora de irte a dormir, es momento de apagar tu cuerpo y proporcionarle un bien merecido descanso.

¿Agua y jabón o un limpiador?

Hay algo saludable en la idea de sólo usar agua y jabón en tu piel; pero aunque pueden llevar a cabo el trabajo de mantener los poros limpios y prevenir barros e infecciones, podrían tener un efecto resecante: el jabón elimina los aceites naturales de las capas superiores de la piel y deja tu rostro sintiéndose desagradablemente estirado. Según diversas asociaciones de dermatólogos, lavarse con agua y jabón puede ocasionar dermatitis, un padecimiento de la piel con dolor y comezón, sobre todo en personas con piel reseca. Un limpiador sencillo y económico aplicado con un algodón quitará el maquillaje y la suciedad del rostro y ayudará a tu piel a mantenerse hidratada. Si prefieres usar el agua y el jabón, entonces utiliza después un humectante para volver a hidratar la capa exterior de tu piel.

RESPUESTA: Un limpiador.

¿Bañarse en la noche o en la mañana?

Si tienes tiempo, un baño en la mañana puede dejarte preparado para enfrentar el día, pero si lo que deseas es dormir bien en la noche, un baño te relajará y ayudará a tu cuerpo a tener la temperatura correcta para poder dormir. Los científicos creen que lo mejor para quedarnos dormidos es un cuarto templado con entre 20 y 24 centígrados, pero que durante la noche necesitamos enfriarnos y unos 17 grados centígrados es lo mejor. (Ese es el motivo por el cual te despiertas si sientes demasiado calor.) Darse un baño caliente parece algo contradictorio, pero éste en realidad ayuda al proceso de enfriamiento porque nuestra temperatura corporal interna disminuye con rapidez una vez que salimos del baño. Al parecer el mejor momento para darse un rico baño caliente es más o menos una hora antes de irse a la cama.

RESPUESTA: Un baño en la noche.

¿Sabías que...?:

Si te sientes solo un baño caliente podría levantarte el ánimo. Una investigación de la Universidad de Yale sugiere que las personas que se sienten solas se den baños de tina y de regadera con más frecuencia y con agua más caliente. Las razones no son muy claras, pero parece que esto se debe a que el calor físico es reconfortante: está asociado con la cercanía con otras personas y ayuda a reducir la sensación de aislamiento social.

¿Un diario de alimentos o una lista de cosas buenas?

Los nutriólogos a menudo recomiendan que las personas que están a dieta lleven un diario de alimentos donde escriban todos los días todo aquello que comieron. Esto las ayuda a dejar de engañarse con respecto a que han comido menos de lo que en realidad comieron. Pero ni siquiera eso es algo infalible: los diarios de alimentos son notablemente imprecisos, a veces con cientos de calorías que misteriosamente se quedan sin contar. Sin embargo, si estás a dieta y se te dificulta mantenerte motivado, en la actualidad existe una gran cantidad de evidencias que muestran que escribir pensamientos, acontecimientos o sentimientos positivos nos hace sentir más felices, trátese de aquello por lo cual nos sentimos agradecidos o de descripciones imaginarias de un futuro feliz. A no ser que puedas escribir "¡Hurra, perdí medio kilo!", una lista de cosas buenas quizá no te haga adelgazar, pero es posible que te sientas más feliz contigo mismo y más positivo para mantener la dieta.

RESPUESTA: Una lista de cosas buenas.

¿Tener relaciones sexuales o dormirse?

Las parejas que están muy ocupadas haciendo malabares con la crianza de los hijos a menudo creen simplemente que no tienen suficiente tiempo o energía de sobra para tener relaciones sexuales y podrían dejar de tenerlas por completo. Pero la falta de sexo, en especial en relaciones de largo plazo, está asociada con depresión y con problemas psicológicos: las parejas que no tienen relaciones sexuales también tienen más pleitos, se sienten estresadas y despreciables y su autoestima es baja. De manera inevitable, abandonar las relaciones sexuales está asociado con un mayor riesgo de divorcio y con la disolución de la relación.

La investigación efectuada por Rosemary Benson, una experta en el deseo sexual femenino, sugiere que la manera de superar esto, en especial para las mujeres, es seguir practicándolo: sexo, así es. En entrevistas con cientos de mujeres descubrió que el deseo no es la *causa* para tener sexo, sino más bien su *resultado*. Esto se debe a que, a pesar de que las mujeres quizá no sientan deseo al inicio del sexo, conforme la actividad continúa se excitan más y después sienten deseo. Por otro lado, los hombres son más propensos a excitarse con la *idea* de hacer el amor, motivo por el cual la pornografía, las parejas vestidas con ropa interior sexy o una plática sugestiva pueden excitarlos.

RESPUESTA: Tener relaciones sexuales.

¿Insomnio: permanecer en cama o levantarse?

En nuestra cultura de "24 por 7" las personas están preocupadas porque cada vez dormimos menos. Sin embargo, los científicos del sueño (como Jim Horne, profesor emérito del Centro de Investigaciones del Sueño de la Universidad de Loughborough, en el Reino Unido), son escépticos al respecto y argumentan que los estudios demuestran que los adultos necesitan dormir sólo de siete a siete horas y media cada noche, con un mínimo absoluto de cinco horas. Nuestros cuerpos son capaces de ajustarse a cantidades variables de sueño: antes de la luz eléctrica, nuestros ancestros dormían más durante el invierno que durante el verano, en especial en áreas donde existían grandes diferencias estacionales en las horas de luz diurna, así que todos somos capaces de enfrentarnos a una noche de mal sueño.

El insomnio adopta diferentes formas, pero por lo general incluye una dificultad para lograr conciliar el sueño, y/o despertar con frecuencia durante la noche o muy temprano en la mañana, siendo la persona incapaz de volver a quedarse dormida. Si esto ocurre muy seguido, los médicos especialistas recomiendan un tratamiento corto a base de tabletas, por lo general a manera de tranquilizante, combinado con una terapia cognitiva conductual para tratar la causa psicológica subyacente. A menos que exista una causa médica para los problemas de sueño, con frecuencia estos se deben a la ansiedad, —aquello por lo cual te quedas "despierto toda la noche"—, exacerbada por otro rasgo típico de los insomnes: la preocupación por su insomnio. Esa es la razón por la cual las píldoras junto con la terapia podrían ser eficaces.

El mensaje básico parece ser que si con frecuencia se te dificulta conciliar el sueño o volverte a dormir, date cuenta que preocuparte por ello lo empeora todo.

¿Sabías que...?:

A pesar de que roncar es motivo de bromas, dormir con alguien que ronca no es algo para reírse. Existen varias causas para los ronquidos y diversos remedios potenciales. La Sociedad Británica del Ronquido y la Apnea del Sueño tiene una serie de pruebas en su sitio de Internet, britishsnoring.co.uk, que los roncadores pueden llevar a cabo en casa para encontrar en qué clasificación caen, para luego probar los remedios sugeridos. Estos abarcan desde aparatos mecánicos, como el "dispositivo de avance mandibular", un poco espeluznante (el cual ajusta la posición de la mandíbula a fin de abrir las vías respiratorias), hasta gotas y aerosoles, cambios en la ropa de cama y posibles cirugías. Como pareja de un roncador, he recurrido a usar tapones de hule-espuma para los oídos, de venta en farmacias, los cuales amortiguan el ruido. (También son útiles en vuelos nocturnos.) Además, trato de asegurarme de quedarme dormida antes que mi esposo.

Los roncadores que dejan de respirar por más de diez segundos, más de diez veces cada hora, quizá padezcan de apnea del sueño: se despiertan con un ronquido muy sonoro; ésa es la forma en la que el cerebro se asegura de seguir obteniendo algo de aire. La condición podría tener posibles consecuencias graves para la salud ya que priva al cuerpo no sólo de sueño sino también de oxígeno. Si crees que puedes padecerla, consulta a un médico; una pequeña operación podría corregirla.

Por este motivo, es mejor tratar de distraerte con algo que concentre tu atención pero que no estimule en exceso tu cerebro: contar ovejas, respiraciones profundas, inhalar y exhalar, o dar un paseo imaginario en un hermoso jardín mientras observas las flores en detalle. Si eso no funciona, tu mejor opción es levantarte y tratar de hacer algo mecánico y repetitivo como armar un rompecabezas o planchar. ¿Continúas despierto? Entonces visita a tu médico.

RESPUESTA: Levantarse.

Fines de semana

EN OCASIONES LOS FINES DE SEMANA PUEDEN ser una terrible decepción. Los esperas con ansia toda la semana sólo para encontrarte con que regresarás otra vez a trabajar el lunes por la mañana. Quizá tu fuerza de voluntad te abandonó y despertaste con una resaca terrible, se esfumaron tus planes de comer mejor y tus intenciones de hacer ejercicio, o de nuevo excediste el límite de tu tarjeta de crédito. Quizá las tensiones familiares crearon una atmósfera negativa. O sencillamente estuviste abrumado por pilas de ropa sucia para lavar y muchas labores domésticas. Si vives solo, es fácil caer en la trampa de pensar que todos los demás están disfrutando de todas las diversiones y maravillas mientras tú no lo hiciste. Definitivamente, aprovechar al máximo el fin de semana es todo un arte y esta sección está repleta de consejos para ayudarte a hacer de esto una realidad.

Consiéntete

Es fin de semana, momento de disfrutar de tu tiempo libre y consentirte. Asegúrate de escoger los gustos correctos y después podrás aprovechar realmente al máximo tus dos días libres.

¿Dormir hasta tarde o levantarse temprano?

A pesar de lo tentador que resulta, dormir durante muchas horas el fin de semana alterará tu patrón de sueño normal y hará más difícil levantarte temprano el lunes por la mañana. Es posible que te sientas renovado y relajado si aprovechas tu tiempo llevando a cabo durante el día algo que verdaderamente disfrutes o haciendo un poco de ejer-

¿Sabías que...?:

Si despiertas con dolor de cabeza por la resaca es muy probable que esté ocasionado por la deshidratación. Los efectos del alcohol en exceso en tu cuerpo incluyen vasos sanguíneos dilatados en tu cabeza, lo que ocasiona el dolor de cabeza, deshidratación, náusea debida a la irritación de las paredes del estómago y una disminución del azúcar en la sangre. Toma un analgésico, como ibuprofeno o paracetamol, y bebe tanto líquido como puedas. El agua es lo mejor ya que es lo que menos puede afectar un estómago irritado, pero cualquier líquido sin alcohol servirá. Y tan pronto como puedas, come algo nutritivo pero fácil de digerir, como un sándwich de tocino magro o un pan tostado con mantequilla de cacahuate.

cicio. Si te duermes hasta tarde, podrías estar más consciente de tus sueños: el tipo de sueño durante el cual soñamos se prolonga conforme la noche transcurre.

RESPUESTA: Levantarse temprano.

¿Sabías que...?:

Probablemente seas un búho o una alondra. Todos tenemos un reloj corporal interno ubicado en nuestro cerebro, pero en algunas personas éste avanza más rápido y tienen más energía temprano por la mañana, como las alondras. Otras tienen relojes más lentos y aún siguen con fuerza ya tarde por la noche, como los búhos. Desde luego, existen variaciones en cada tipo y también los factores ambientales influyen en nuestros patrones de sueño, pero los científicos del sueño creen que existe un componente genético debido al cual somos búhos o alondras. Así que no tiene mucho sentido que te obligues a levantarte más temprano o a irte a dormir más tarde de lo que tú consideras natural. Si has tenido una serie de noches de desvelo o te espera un día muy largo, en definitiva es mejor tratar de irse a dormir temprano ya que nuestro cuerpo puede pagar una "deuda de sueño" o "almacenar" sueño.

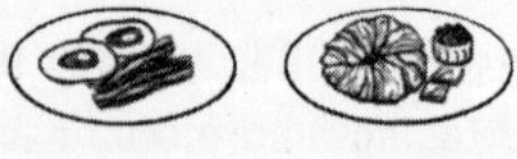

¿Desayuno preparado o continental?

Si te gustan los huevos, el tocino y todas las guarniciones los fines de semana, podrías sentirte culpable ya que todas las frituras tienen mala reputación. Son los alimentos grasosos, como las salchichas, la moronga y el pan frito los que ocasionan los problemas, y, desde luego, freír los alimentos. El desayuno continental puede parecer ligero, pero si pides *croissants* o *baguettes* con mantequilla y mermelada y café con leche, difícilmente ésta sería también una opción libre de culpa. Hay unas 300 calorías en un *croissant* grande y casi todas ellas provienen de grasas saturadas y carbohidratos refinados. Un desayuno tradicional preparado, con una rebanada de tocino magro de lomo, algunos tomates, hongos (asados, no fritos) y un huevo pasado por agua sobre un pan tostado integral, tendrá más o menos lo mismo y te aportará más proteína nutritiva, menos grasa y dos de tus porciones diarias de frutas y vegetales. ¡Que lo disfrutes!

RESPUESTA: Desayuno preparado.

¿Carne al horno para el domingo o pan con queso?

La carne al horno del domingo es otra tradición, con una mala reputación nutricional. Desde luego, si la carne es grasosa y llenas tu plato con papas horneadas, verduras con mantequilla, salsa hecha con la grasa de la carne, más una porción generosa de menta dulce o salsa de arándano, ésta no sería la opción más saludable. Sin embargo, un par de trozos de pollo o pavo asado (sin piel, ya que ahí es donde se encuentra la mayor parte de la grasa), grandes cantidades de verduras diversas, dos papas medianas asadas y una salsa sin grasa, serían un historia diferente. Puedes hacer la salsa más saludable si vacías la grasa del sartén, agregas un poco del agua donde se cocieron las verduras, más algo de sazonador, mezclando y raspando lo que quedó en el fondo del recipiente para adelgazarlo, y luego hierves el líquido para espesarlo. Agrega los jugos que quedaron en el platón donde cortaste la carne, más algo de agua extra de las verduras si es necesario. La comida completa tendrá unas 500 calorías.

Aunque no tiene nada de malo el pan, el queso, un poco de ensalada y algunos pepinillos, un trozo grande de queso Chedar y un buen pedazo de pan blanco crujiente tendrán alrededor de unas 1,000 calorías, con grandes cantidades de grasa saturada y carbohidratos refinados. El queso Brie es una mejor opción, ya que contiene unas tres cuartas partes de las calorías del queso Chedar, muchas de las cuales están debajo de la corteza, así que córtala. El pan integral es más nutritivo y te mantendrá satisfecho por más tiempo.

RESPUESTA: Carne al horno para el domingo.

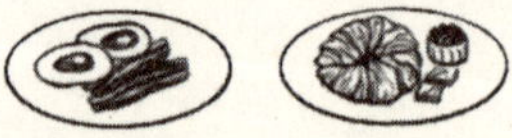

¿Sabías que...?:

Según el profesor Jim Horne, experto en sueño, una taza de café antes de una siesta de veinte minutos promueve un sueño renovador. Un poco más de tiempo y corres el riesgo de entrar en un sueño profundo, el cual te dejará una sensación de somnolencia y podría interferir con el sueño de esa noche. El café tardará unos veinte minutos en surtir efecto, así que cuando despiertes te sentirás alerta. La mejor hora para una siesta, sugieren los expertos, es entre la 1 y las 3 de la tarde, durante el bajón repentino que viene después del almuerzo.

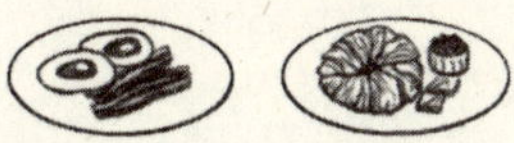

¿Helado o una paleta de hielo?

Es algo difícil de resistir en un hermoso día de verano, pero si tienes duda de cuál escoger, las paletas de hielo contienen menos calorías. Desde luego, están repletas de azúcar y mientras más lento las chupes, peor será para tus dientes. Todas contienen muchos aditivos, pero después de todo son un gusto. Las paletas de hielo por lo general tienen menos grasa que los helados. Por ejemplo, una marca muy popular de paletas de hielo contiene unas noventa calorías y casi nada de grasa. Las combinaciones de fruta y helado contienen casi la misma cantidad de calorías pero más grasa. Una porción de 100 mililitros de helado de vainilla tendrá unas 100 calorías, y si agregamos el cono tendremos entre 20 y 50 calorías adicionales, dependiendo del tipo de cono, mientras que una paleta Magnum normal tendrá alrededor de unas 275 calorías. Los sitios de Internet como loveicecream.com son una buena fuente de información, o simplemente lee la etiqueta si deseas conocer la información real de la paleta. Las paletas de hielo saludables son sencillas de elaborar si congelas jugo o yogur en moldes que se venden en las tiendas de artículos de cocina o en Internet.

RESPUESTA: La paleta de hielo.

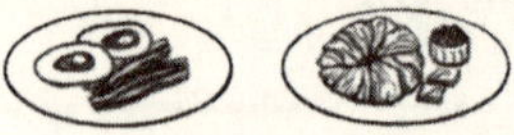

De compras

Pasamos toda la semana tratando de ganarnos el pan, así que no hay nada como un poco de terapia de compras el fin de semana y de esa manera hacer que esas horas transcurridas trabajando arduamente parezcan haber valido la pena. Sin embargo, trata de hacer tus compras de manera sabia y podrás lograr que tu dinero rinda más.

¿Comprar algo o hacer algo?

Las investigaciones han demostrado que cuando se les pide a las personas que comparen qué tan bien se sintieron con un objeto que compraron con una experiencia agradable reciente, ambas fueron elogiadas, pero la experiencia ganó sin duda alguna.Tenemos la tendencia a preservar los recuerdos felices de experiencias como un viaje de fin de semana, olvidándonos del terrible congestionamiento de tráfico en el camino; en cambio los objetos se estropean o se rompen. Asimismo, es más probable que compartamos las experiencias con otras personas, lo que agrega una dimensión social positiva. Por lo tanto, si puedes optar entre comprar un nuevo disco compacto o ir a un concierto, ve al concierto.

RESPUESTA: Hacer algo.

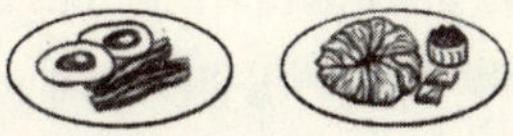

¿Comprar por Internet o en la tienda?

Aún cuando las compras por Internet van en aumento y el gasto en las tiendas va en declive, existen interesantes factores psicológicos que subyacen a nuestra motivación para hacer ambas cosas. Una encuesta realizada a compradores de alimentos efectuada en mayo de 2011 por una importante empresa de investigación descubrió que estos estaban más conscientes de las ofertas en las tiendas que en la red, pero que muchos de ellos preferían comprar por Internet porque así evitaban las tentaciones.

Un estudio de laboratorio llevado a cabo por el Instituto de Tecnología de California, sugiere que valoramos mucho más las cosas cuando podemos tocar el objeto real que cuando miramos una imagen de éste o leemos una descripción. Así, para evitar llevar a casa bolsas de compras repletas con ofertas de "tres por el precio de dos" o derrochar en el espléndido y fino modelo de vestido que no puedes pagar, es mejor permanecer en casa.

RESPUESTA: Comprar por Internet.

¿Pago en efectivo o con tarjeta de crédito?

A nuestro cerebro le es difícil encontrar un equilibrio en el conflicto entre pagar después por algo que nos brinda un placer al momento o no. "Quiero esto ahora", nos dice, "no importan las consecuencias".

Los neurocientíficos, como Jonah Lehrer, creen que las partes de nuestro cerebro que se encargan de la satisfacción emocional y el pensamiento racional entran en conflicto cuando toman decisiones acerca de comprar algo a crédito que sabemos que realmente no podemos pagar. Si la parte emocional gana, podríamos gastar mucho más pagando con una tarjeta de crédito que con efectivo, ese es el motivo por el cual los almacenes nos animan a usarlas, e incluso nos acosan con tarjetas de la misma tienda. Los neurocientíficos también indican que cuando utilizamos nuestras tarjetas de crédito es menos probable que nuestro cerebro registre sentimientos negativos que cuando salimos con un gran fajo de billetes; es más probable que las carteras que se sienten más ligeras, literalmente, hagan llegar el mensaje que un recibo de una tarjeta de crédito. Un estudio llevado a cabo por investigadores del Instituto Tecnológico de Massachusetts también demostró que la disposición de las personas para pagar artículos se incrementa cuando se les indica que lo hagan con una tarjeta de crédito en lugar de en efectivo. ¿Sus conclusiones? Siempre deja tu tarjeta de crédito en casa.

RESPUESTA: Paga en efectivo.

¿Agasajarte o agasajar a alguien más?

A algunos de nosotros las compras nos parecen tan reconfortantes que éstas se convierten en una "terapia de ventas", y también algunos estudios han descubierto que las personas pueden gastar más si se sienten decaídas. Si esto se convierte en un hábito podría resultar muy destructivo, pues nos conduciría a endeudarnos y a problemas en nuestras relaciones personales. Los investigadores creen que ir de compras puede convertirse en una adicción de la misma forma que ocurre con el juego o con fumar ya que el hábito alimenta las partes de nuestro cerebro que tienen que ver con las recompensas y las satisfacciones, las cuales exigen cada vez más alimentación. De aquí proviene la no muy graciosa denominación de "comprador compulsivo".

Aunque parezca que darte un pequeño gusto puede levantarte el ánimo, podrías sentirte más satisfecho con tu compra si ésta es para otra persona: varios experimentos han demostrado que las personas que gastan dinero en otros se sienten más felices que cuando lo gastan en sí mismos. Los neurocientíficos creen que las partes de nuestro cerebro que se encargan de la satisfacción de nuestras necesidades básicas también están relacionadas con ayudar a otros. Sentirse bien por comprarle a alguien un regalo podría estar relacionado con nuestros ancestros primitivos que necesitaban sobrevivir en grupos.

RESPUESTA: Agasajar a otra persona.

¿Sabías que...?:

Una buena manera de evitar regresar a casa después de ir de compras sin traer contigo los artículos importantes que habías planeado adquirir consiste en llevar una lista de compras. Ten una libreta en la cocina y escribe en ella los artículos que necesites conforme se agoten. Podrías entrenar a tus compañeros de departamento o a tus familiares para que cooperen (debes estar preparado para que los niños escriban: "dulces, helado, papitas, refrescos...").

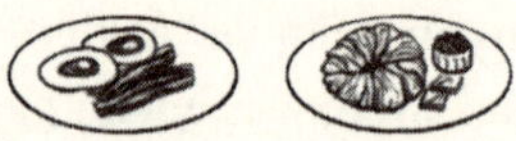

Actívate

Los fines de semana también son el momento para ponerte al día con las labores domésticas que has estado ignorando resueltamente toda la semana. Sin embargo, si te concentras en encarar las labores más grandes, en especial aquellas que te hacen sudar, también podrías marcar tu rutina de ejercicios en tu lista de actividades.

¿Tareas múltiples o una a la vez?

Si los fines de semana corres por todos lados como el conocido pollo sin cabeza tratando de ponerte al corriente con un gran número de labores y tareas, quizá fuiste seducido por el mito de las tareas múltiples, que afirma que ser capaz de alternar diferentes tareas es una manera excelente de lograr terminarlas. Los científicos del cerebro, incluyendo a Stephen Monsell de la Universidad de Exeter, y a Sophie Leroy de la Universidad de Minnesota, denominan a este proceso "cambio de tareas". Su investigación sugiere que cuando alternamos entre tareas diferentes nos toma *más tiempo* completar cada una de ellas. Si completamos una tarea, será menos probable que ésta interfiera con lo que hacemos para completar la siguiente: la hemos etiquetado mentalmente como terminada y ya no nos preocupa cuando continuamos con lo que sigue. Las personas que pueden llevar a cabo tareas múltiples con eficacia por lo general han adquirido práctica en lo que hacen, este es el motivo por el cual puedes conducir un automóvil por una ruta conocida mientras cantas alguna canción que escuchas en la radio.

RESPUESTA: Una tarea a la vez.

¿Lavar las ventanas o el coche?

Hay algo un poco deprimente respecto a las ventanas sucias que arruinan una hermosa vista o reducen la cantidad de luz solar al interior de la casa. Un coche sucio y desordenado, lleno de pedazos de papel, cubierto de pelos de mascota, polvo, trozos de comida duros, también puede ser desmoralizante. Las labores de limpieza rutinarias pueden ser muy satisfactorias y son un buen ejercicio, pero limpiar las ventanas quema menos calorías que limpiar el coche por dentro y por fuera —unas 160 y 200 calorías por hora respectivamente— ya que es más probable que quienes lavan su coche se muevan, se agachen y se estiren más. Unas palabras de advertencia acerca de limpiar las ventanas: la mayoría de las muertes y lesiones graves ocasionadas por actividades domésticas tipo "hágalo usted mismo" incluyen caídas de escaleras, a menudo cuando las personas se estiran en exceso en lugar de mover la escalera. Por consiguiente, si lavas las ventanas, asegúrate de que la escalera esté colocada firmemente en el piso y en un ángulo estable.

RESPUESTA: Lavar el coche.

¿Aspirar la alfombra o cortar el césped?

Desde luego, ambas te harán sentirte como un virtuoso, pero hay muchas razones de por qué el empujar una cortadora de pasto por todo el jardín podría ser lo mejor para ti. Esto te hace quemar más calorías, unas 190 en treinta minutos en comparación con las 110 que quemas al aspirar. Y aunque muchos estudios ahora respaldan la idea, no necesitas ser psicólogo para saber que estar en el exterior y cerca de la naturaleza puede mejorar tu estado de ánimo.

RESPUESTA: Cortar el césped.

¿Todo el ejercicio junto o dividido?

Podría parecer una buena idea tener una sesión de ejercicios prolongada durante el fin de semana si estás ocupado durante toda la semana y, desde luego, esto es mejor que nada. Sin embargo, los expertos indican que lo ideal es tratar de hacer 150 minutos de ejercicio a la semana, divididos en tres bloques, los cuales pueden incluir no sólo actividades deportivas sino también cortar el césped, una caminata vigorosa, o ir en bicicleta al trabajo. Cinco sesiones de treinta minutos cada una está bien. Por otro lado, dos sesiones de setenta y cinco minutos de alguna actividad extenuante como jugar rugby o hacer una excavación profunda serán suficientes. La clave está en aumentar tu ritmo cardiaco y sentir que te falta un poco la respiración y que sudas.

Si los fines de semana son el único tiempo en que puedes estar verdaderamente activo, ¿qué tipo de ejercicio es mejor? Probablemente hacer alguno que disfrutes es lo más importante. Es difícil mantenerte haciendo algo que te desagrada. Sin embargo, aquí entrarían en juego factores como tu peso, tu nivel de condición física y si es más factible que sigas haciéndolo si estás en un grupo o solo; pero si sufres de algún padecimiento cardiaco o respiratorio deberías primero consultar a tu médico. Los ejercicios de calentamiento y enfriamiento antes y después, como estirar los músculos de la pantorrilla y el tendón de la corva, son muy importantes para evitar una lesión; mientras peor condición física tengas, más probable es que ésta ocurra. Los hombres de edad mediana que deciden que es tiempo de comenzar a jugar futbol el fin de semana, después de años de inactividad, son más propensos a terminar el partido con una lesión en la rodilla que el máximo anotador de su equipo.

RESPUESTA: Ejercicio dividido.

¿Correr en suelo plano o en subida?

Si correr es tu forma favorita de mantenerte en buena condición física, Matt Roberts, el destacado entrenador deportivo, sugiere encontrar una ladera con pasto en un parque o en el campo y alternar el correr hacia arriba vigorosamente durante un minuto con correr hacia abajo con más lentitud durante dos, en un movimiento en zigzag, en lugar de correr en línea recta. Ésta es una forma de incrementar la salud de tu corazón y tu ritmo metabólico (la velocidad a la cual tu cuerpo quema calorías). El término técnico para este tipo de actividad es "entrenamiento a intervalos". Puedes conseguir los mismos beneficios al acelerar tu paso durante un minuto y trotar por dos en suelo plano, pero probablemente es más sencillo y más divertido dejar que la Madre Naturaleza te eche una mano. Los principiantes deben intentar seis repeticiones; los intermedios, ocho, y los campeones pueden ir por diez. Si te sientes agotado de sólo pensar en ello, los juegos en equipo, como el béisbol o el frisbee, los cuales puedes practicar en el parque o en la playa, implican una actividad con movimientos rápidos y cortos, combinados con periodos de descanso, aunque no siempre es sencillo reunir a un grupo de manera continua.

RESPUESTA: Correr en subida.

¿Correr descalzo o con calzado deportivo?

Correr descalzo puede parecer una tortura y no es una opción necesariamente fácil para muchos chicos de ciudad, pero es lo que nuestros ancestros hicieron durante milenios. En la actualidad cada vez tiene más popularidad gracias a la teoría, respaldada por la investigación efectuada en la Universidad de Harvard, de que correr con calzado deportivo es malo para los pies. El soporte del zapato enmascara el impacto del fuerte golpe en el suelo, el cual envía ondas de choque potencialmente perjudiciales a las articulaciones, ocasionando padecimientos dolorosos como una inflamación en la espinilla (periostitis tibial). La teoría dice que, como es demasiado doloroso aterrizar sobre el talón con el pie descalzo, los corredores sin calzado ponen más peso en las bolas de los pies, con una ligera inclinación de las piernas, y pisan con más cuidado. Una corredora descalza que conozco afirma que le encanta la forma en que pisa con más ligereza, aunque siempre corre en una superficie suave, como césped, nunca en asfalto, y debe tener una vista muy buena para localizar objetos riesgosos como vidrios rotos o popó de perro. No existe ninguna evidencia científica contundente como para apoyar una forma de correr más que la otra, pero si eres novato sería aconsejable que primero hicieras un poco de investigación en Internet. Si usas calzado deportivo sería de gran utilidad ir a una tienda especializada en artículos para correr para que te aconsejen qué tipo es el más apropiado para tus necesidades.

RESPUESTA: Calzado deportivo.

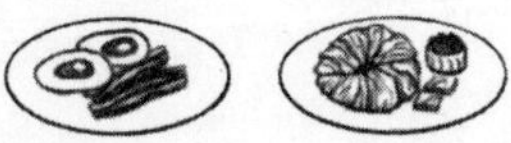

¿Árnica o una compresa de hielo?

Se cree que el árnica reduce la inflamación, los hematomas y el dolor, pero aunque fue la primera medicina homeopática en ser autorizada oficialmente en el Reino Unido por la Administración Reguladora de Productos Médicos y para la Salud, no existe ninguna evidencia científica seria que compruebe que el árnica sea eficaz. Se encuentra a la venta en píldoras y como crema para el tratamiento de los hematomas, los cuales son ocasionados por sangrado en los tejidos subyacentes. Sin embargo, el hielo es un remedio efectivo ya que puede disminuir el sangrado, el espasmo muscular y el dolor; también evitará la inflamación y el entumecimiento. Para las primeras cuarenta y ocho a setenta y dos horas después de la lesión, aplica hielo envuelto en una toalla mojada en el área lesionada durante quince a veinte minutos cada dos o tres horas durante el día. No dejes el hielo mientras estás dormido ni permitas que esté en contacto con tu piel directamente, ya que podría ocasionar una quemadura por frío. Los corredores de maratones, como Paula Radcliffe y el comediante Eddie Izzard, a menudo se sumergen en tinas con hielo para reducir la inflamación y la hinchazón. Una bolsa de chícharos congelados será suficiente para la gente común.

RESPUESTA: Compresas de hielo.

¿Bebidas deportivas y energéticas o bebida con jugo?

Por sentido común, si estás perdiendo líquidos corporales por realizar un ejercicio extenuante, en especial en un día caluroso, necesitas recuperarlos. Sin embargo, las llamadas bebidas deportivas y energéticas con frecuencia están repletas de azúcar y cafeína, así que lee la etiqueta antes de comprarlas. Por ejemplo, medio litro de una popular marca de bebida energética contiene 140 calorías y algo de cafeína. La misma cantidad de una popular bebida deportiva contiene 135 calorías pero nada de cafeína. No es aconsejable dar a los niños bebidas con cafeína y tú puedes preparar tu propia versión saludable y barata de una bebida energetizante al mezclar dos partes de agua con una parte de jugo de fruta; si te ejercitas por un periodo prolongado, una pequeña pizca de sal remplazará lo que pierdas en el sudor.

RESPUESTA: Bebida con jugo.

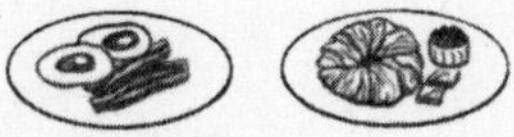

¿Lamentarse o superarlo?

Los fines de semana a menudo pueden parecer interminables, en especial si vives solo. Sin la distracción del trabajo hay una enorme cantidad de tiempo para ponerse melancólico acerca de aquello que no marcha bien en tu vida. Los lamentos pueden ser de utilidad: pueden ayudarte a descubrir lo que es más importante para ti. En lugar de considerarlos como negativos, aprovéchalos para determinar tu futuro. Si te lamentas de no haber aceptado un empleo cuando te lo ofrecieron, pregúntate por qué era importante ese trabajo para ti. ¿Qué es lo que sientes que te perdiste? A partir de ahí puedes determinar tus valores y lo que quieres en la vida. Por lo general, tomar las decisiones "equivocadas" o no tomar ninguna es lo que ocasiona que nos lamentemos. En el futuro, investiga, confía en tu intuición y acepta que ninguna decisión es "equivocada"; es sólo una forma de aprender lo que quieres.

RESPUESTA: Superarlo.

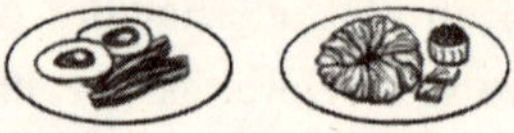

Niños

EDUCAR A LOS HIJOS, en especial si tratas de mantener un empleo muy atareado, es demasiado demandante. Tratar de tener el llamado tiempo de calidad con todos mientras intentas mantener al día las labores domésticas y atender tus necesidades personales puede hacerte sentir totalmente agotada, en tanto que los consejos acerca de la paternidad están tan repletos de opiniones en conflicto que puede resultar desconcertante. A continuación te presento diez sugerencias básicas probadas y comprobadas, basadas en opiniones de expertos y en mi propia experiencia como madre trabajadora de tiempo completo.

Bebés y niños pequeños

Mantener a los niños felices sin sucumbir ante la interminable lata que dan y no ceder frente a los sentimientos de ineptitud porque no eres el padre perfecto, puede ayudar a mantenerte a la altura de la situación.

¿Alimento para bebé hecho en casa o ya preparado?

Desde luego, que sabes que deberías estar preparando en casa grandes cantidades de puré de alimentos nutritivos para tus pequeños y colocar porciones extras en el congelador listas para la semana que está por iniciar, pero en las familias que están muy ocupadas trabajando, esto puede ser algo difícil. Quizá prefieras pasar tu tiempo libre jugando con tu bebé en lugar de picar vegetales orgánicos y meterlos en bolsas para congelar.

Los alimentos comerciales para bebé son todavía vistos con recelo en algunos hogares, pero en muchas partes del mundo la composición de los alimentos manufacturados para niños de menos de un año es regulada de manera estricta. Están prohibidos todos los colorantes, preservadores y endulzantes artificiales; los niveles de azúcar y sal deben mantenerse al mínimo. El uso de pesticidas está regulado de manera estricta. Es cierto, los alimentos pierden algunas de sus vitaminas en el proceso de calentamiento por el que pasan para matar las bacterias y proporcionarles una larga vida en los estantes, pero esto no afecta otros nutrientes.

Para los niños mayores de un año, las reglas son más relajadas: lee las etiquetas con cuidado y asegúrate de sentirte a gusto con los ingredientes. Busca si contienen azúcar, sal y otros ingredientes añadidos, así como niveles elevados de grasas saturadas.

RESPUESTA: Alimentos ya preparados (cuando es necesario).

¿Dejar que los bebés lloren o calmarlos?

Este es un tema muy sensible y controversial, pero uno de los mayores ajustes que muchos nuevos padres tienen que enfrentar es la interrupción del sueño. Si no tienes que ir a trabajar y puedes dormir durante el día cuando tu bebé lo hace, no es tan difícil poder arreglártelas si tu hijo duerme de forma irregular durante la noche. Pero si tienes que ir a trabajar esto puede resultar muy agotador.

Algunos expertos aseguran que podría ser perjudicial a largo plazo dejar que los bebés lloren ya que su cerebro podrían estar expuesto a elevados niveles de hormonas del estrés. Pero otros, como la profesora Tanya Byron en un artículo publicado en *The Times* en octubre de 2010, indican que los estudios que respaldan este argumento fueron llevados a cabo en entornos negativos, como orfanatos.

Sería muy estresante para cualquiera dejar a un bebé llorar sin parar durante horas, pero algunos padres no pueden soportar para nada escuchar a sus bebés llorar y prefieren calmarlos de inmediato. Otros usan el llanto controlado (dejar que el bebé llore y de manera gradual extender el periodo antes de cargarlo, permaneciendo junto a su cuna) dándole seguridad al bebé sin cargarlo. Un estudio de septiembre de 2012 en la revista *Pediatría* sugiere que los bebés de ocho meses cuyos padres descubrieron que estas técnicas reducen los problemas de sueño no sufrieron ningún daño en los siguientes cinco años. Aquellos que se esforzaron y les dieron atención a sus hijos tan pronto como ellos la exigieron, a menudo terminaron con "pequeños emperadores" que regían el hogar.

El consejo de mi madre era dejar al bebé llorar por un máximo de veinte minutos a la hora de dormir y entrenarse para escuchar la diferencia entre gimotear y el llanto sonoro y angustiado que indica que algo está mal. Seguí su consejo y el de mis amigas quienes me dijeron que una rutina en las noches es muy importante, comida, baño, cuentos, canciones, cama; siempre. Mis dos hijos durmieron durante toda la noche desde las ocho semanas, a partir de la última comida como a las 11 de la noche hasta cerca de las 5 de la mañana.

RESPUESTA: Dejar que los bebés lloren (por periodos cortos).

¿El bebé en la cama o en una cuna?

Al igual que cargar al bebé que llora, este es otro tema muy sensible y controversial. El consejo del Departamento de Salud y de la Fundación para el Estudio de la Muerte Infantil es que los bebés deben dormir en una cuna en la habitación de sus padres durante los primeros seis meses, a menos que los padres fumen en el cuarto, en cuyo caso el bebé dormiría en otro lugar. Debe dormirse a los bebés boca arriba para reducir el riesgo de muerte de cuna y sus pies deben estar al fondo de la cuna con las cobijas arropadas a una altura no mayor de sus hombros. El peligro de tener a tu bebé en la cama contigo es que puede asfixiarse con tu ropa de cama o tener demasiado calor, lo que podría incrementar el riesgo de muerte de cuna. Las recomendaciones oficiales también advierten en contra de compartir una cama con tu bebé si has bebido o ingerido drogas.

Aunque acurrucarse en la cama por la noche, en especial si estás dando pecho a tu bebé, es algo acogedor y muy tentador si estás exhausta y te paras varias veces por la noche para alimentar a tu bebé, esto será un hábito difícil de romper para él y descubrirás que estás abriendo una brecha, literalmente hablando, cada vez más grande entre tú y tu pareja que podría ocasionar dificultades en la relación.

RESPUESTA: En una cuna.

¿Sabías que...?:

No existe una edad legal en el Reino Unido en la cual a los niños, es decir, a personas jóvenes menores de dieciocho años, se les pueda dejar solos en casa. Esto es a criterio de los padres. Sin embargo, los padres pueden ser demandados legalmente por negligencia si ponen a sus hijos en riesgo de lesionarse o de sufrir. Si dejas a tus hijos con una nana menor de dieciséis años, ella no es legalmente responsable por lo que le ocurra a tus hijos; tú lo eres. Con quien sea que dejes a tus hijos, siempre ten listo un plan acordado para las emergencias.

¿Usar popote o sorber las bebidas?

Debido a que el azúcar y los ácidos en el jugo de fruta y las bebidas gaseosas son perjudiciales para los dientes de los niños (y también para los tuyos), los dentistas recomiendan dárselos sólo a la hora de la comida y utilizar popote una vez que son lo suficiente grandes ya que de esta forma la bebida tendrá menos contacto con sus dientes.

RESPUESTA: Usar popote.

¿Licuado con leche [malteada] o helado?

La palabra "leche" hace que todo parezca muy saludable, pero si hay que elegir entre un licuado de leche producido comercialmente y un par de bolas de helado, éstas últimas por lo general son más saludables. Es difícil estar seguro de lo que contiene un licuado de leche, además de la leche, pero es probable que sea jarabe azucarado. Los licuados de leche también suelen venderse en porciones grandes, mientras que siempre puedes pedir una sola bola de helado. En fechas recientes se informó que en Estados Unidos un licuado de leche [malteada] con helado de chocolate y mantequilla de cacahuate contenía 2,000 calorías y la misma grasa saturada que veinticinco lonjas de tocino. A pesar de que los contenidos variarán enormemente de un fabricante a otro, en McDonald's, por ejemplo, un cono de helado de vainilla, con grasa reducida, contiene 150 calorías, mientras que una malteada de vainilla tiene 220. Puedes preparar en casa tus propias versiones deliciosas y más saludables con una batidora manual, utilizando leche, fruta como plátano o fresa, y unas gotas de extracto de vainilla.

RESPUESTA: Helado de vainilla.

¿Sabías que...?:

Existe poca evidencia científica que respalde la teoría de que darle azúcar a los niños provoca un "levantón de azúcar". Si alguna vez llegaste a recoger a tus hijos a una fiesta y los encontraste corriendo por todos lados, probablemente viste a otros padres poner los ojos en blanco y escuchaste que culpaban al azúcar. Aunque el azúcar en los alimentos de una fiesta, como el pastel, los panecillos y las bebidas dulces, proporcionan un impulso energético, éste podría deberse a que los niños están muy emocionados por la fiesta en sí, y a que los padres perciben que sus hijos (y en especial los de otra gente) están "hiperactivos" cuando no lo están. Una explicación posible para la idea de las altas y bajas de energía con el azúcar es que el azúcar y los carbohidratos refinados, como los que se encuentran en los alimentos de las fiestas, se absorben con rapidez en el torrente sanguíneo y pueden provocar niveles fluctuantes de azúcar en la sangre. Esto también podría incrementar la producción de adrenalina, la cual volverá a los niños más activos. Cuando ésta baje podrán calmarse nuevamente.

¿Un deporte o muchos?

Todos los niños necesitan una enorme cantidad de ejercicio para desfogarse, mantenerse en forma y tener un peso saludable; sin embargo, algunos padres sueñan con que sus retoños se conviertan en futuros campeones goleadores o en ganadores del torneo de Wimbledon. Pero, ¿deberían los niños concentrarse en una sola actividad deportiva o realizar varias?

Las recomendaciones de los especialistas sugieren que los niños menores de cinco años que puedan caminar sin ayuda deberían estar físicamente activos todos los días durante al menos 180 minutos (tres horas), divididas a lo largo del día, en interiores o exteriores. Necesitan quedarse un poco "sin aliento" mediante una diversidad de actividades como corretear, andar en bicicleta y bailar. Los niños y los jóvenes entre cinco y dieciocho años deben hacer al menos sesenta minutos de actividad diaria que aumente su ritmo cardiaco, como caminar a paso rápido, jugar en el patio de recreo, correr o practicar karate, todos los días. También necesitan llevar a cabo actividades que fortalezcan sus músculos, como gimnasia y hacer barras, así como otras que fortalezcan los huesos, como saltar y jugar fútbol.

RESPUESTA: Muchos.

¿Sabías que...?:

Está bien que los niños vean televisión. Hay programas muy divertidos e interesantes para ellos; además, "echarse" en el sillón a ver una película o la televisión es algo que todos disfrutamos. Sin embargo, hay bastantes evidencias que nos indican que el exceso de televisión no es bueno. Pasar muchas horas frente al televisor incrementa el riesgo de obesidad en los niños; y quedarse hasta tarde viendo programas nocturnos, sobre todo en las recámaras de los adolescentes, puede afectar seriamente los patrones de sueño. Los niños a los que se les permite cambiar constantemente de canal experimentan dificultades para concentrarse.

Por lo que se refiere a los juegos de computadora, los padres pueden controlar al "monstruo" estableciendo reglas (tú estás a cargo) sobre qué y cuándo pueden ver o jugar los niños.

Si ya son más grandes, vean la programación y lleguen a un acuerdo sobre lo que pueden y no pueden ver. Lo mismo aplica para juegos de computadora.

Adolescentes

Vivir con adolescentes no siempre es sencillo, pero darles un poco de libertad de acción en algunas actividades podría llevarnos a tener una vida familiar más feliz.

¿Alcohol o refrescos para los adolescentes?

En algunos países es legal dar alcohol a los niños bajo supervisión desde la edad de cinco años, y algunos padres argumentan que es una buena forma de enseñarlos a beber de manera prudente. Pero esto podría ser sólo un pensamiento ilusorio: las investigaciones demuestran que tiene un efecto opuesto, y los médicos están preocupados de que los niños que fueron introducidos al alcohol en ocasiones en que la familia bebía podrían beber en exceso en la etapa adulta. El cerebro de los adolescentes todavía está en desarrollo y las evidencias científicas relacionan el alcohol en la infancia con un diversidad de problemas de salud físicos y mentales, incluyendo daños al hígado y al cerebro, memoria deficiente y menor crecimiento. Por ejemplo, cada año en el Reino Unido, unos 7,500 niños entre once y diecisiete años son hospitalizados a causa del alcohol. En Estados Unidos, donde las investigaciones han descubierto una relación negativa entre el desempeño académico y el alcohol, la edad legal para beber es de veintiún años.

Desde luego, mientras más prohíbas a los adolescentes que hagan algo, es más probable que lo hagan en secreto. Pero si tus adolescentes beben, deberían saber cuánto alcohol contienen sus bebidas y cuál es el número de unidades diarias recomendado (tres o cuatro para un hombre y dos o tres para una mujer). Las mezclas comerciales de refresco y alcohol, que tienen abiertamente como objetivo a los jóvenes, contienen 1.5 unidades en una botella pequeña. En medio litro de cerveza o sidra hay hasta tres unidades, o más si son Premium. Una medida de 25 mililitros de vodka u otro licor es una unidad. Los expertos indican que las comidas familiares son las mejores ocasiones para permitir a los adolescentes beber debido a que los alimentos retardan la absorción del alcohol y el momento permite pláticas racionales sobre el tema.

RESPUESTA: Alcohol bajo supervisión.

¿Computadora y TV en la recámara o en la sala?

Los padres que han descubierto a sus hijos chateando en la madrugada o que se quedan dormidos escuchando su iPod no se sorprenderán de escuchar que una investigación reciente descubrió que un 98 por ciento de ellos dijo que tenían algún tipo de aparato electrónico en su recámara. Si esto es cierto, los expertos están preocupados de que esto signifique que no están durmiendo la cantidad recomendada de tiempo, entre ocho y diez horas, con efectos perjudiciales para su salud y su habilidad para concentrarse en la escuela. Los menores que no duermen lo suficiente tienden a subir de peso porque ansían comer alimentos con carbohidratos que les proporcionen energía durante el día. Algunos científicos, como la profesora Susan Greenfield de la Universidad de Oxford, también creen, de forma controvertida, que la manera en que los jóvenes utilizan los medios de comunicación digitales, cambiando de manera constante de una fuente de información o entretenimiento a otra, podría afectar la estructura de conexiones de sus cerebros en desarrollo. Las consecuencias posibles podrían ser habilidades de comunicación más deficientes y una incapacidad para pensar en términos abstractos.

Aunque el riesgo real de tener contacto con desconocidos es reducido, Internet, a pesar de sus innegables atractivos y ventajas, permite a los niños tener acceso a temas e individuos que los padres creen que no deberían ser parte de sus vidas; eso es probablemente lo que más preocupa a los padres. Ahora que los *smartphones* permiten a los niños ingresar en la red cuando y donde quieran, es más difícil llevar un control, pero sería más sencillo si algunos aparatos se comparten en un espacio familiar. Al menos tendrías alguna idea del sitio al cual están entrando y por cuánto tiempo. Es más constructivo acordar algunas reglas sobre el tiempo de uso de la computadora y asegurarse de que las sigan, que establecer una prohibición rotunda o en un momento de desesperación jalar el cable del enchufe. En nuestra casa, el "domingo sin aparatos" es un respiro semanal de los iPads, Nintendos y otros aparatos digitales, aparte del Internet, permitido sólo para hacer las tareas escolares y para los programas de televisión y las películas en DVD que tratamos de ver juntos.

RESPUESTA: En la sala.

¿Adolescentes: dejarlos dormir más tarde o despertarlos?

Si te encuentras muy ocupado tratando de completar todas las tareas y labores domésticas durante el fin de semana, podría ser muy irritante saber que tus hijos adolescentes todavía siguen durmiendo al mediodía en la recámara. Sin embargo, los neurocientíficos, como el profesor Russell Foster de la Universidad de Oxford, creen que el reloj del cuerpo de los adolescentes trabaja más lento que el de los niños y los adultos y que de manera natural se duermen y se levantan más tarde. Las pruebas realizadas también sugieren que se encuentran más alertas más tarde en el día que más temprano. El profesor Foster dice que despertarlos temprano significa que estarán en un estado permanente parecido al desfase de horario de los vuelos internacionales, algo que la mayoría de los padres con hijos adolescentes reconocerán. Una escuela secundaria inglesa incluso retrasó el inicio de clases hasta las 10 de la mañana para permitir que los alumnos se levanten más tarde, de acuerdo con *The Times*. Afirma que como resultado hubo un aumento de la asistencia de alumnos y un incremento enorme en las calificaciones de los exámenes en la secundaria.

RESPUESTA: Dormir más tarde.

Y finalmente...

¿Decir sí o no?

Cualquier persona que esté a cargo de niños de cualquier edad sentirá las marcas de la batalla emocional de siempre: tener que decir que no a las interminables solicitudes de papas fritas, dulces, refrescos, idas al cine, restaurantes de comida rápida o de más tiempo frente a la computadora y el televisor. De vez en cuando sería divertido tener un día de "sí", cuando dices que sí a casi todo. Vacaciones, cumpleaños y otras ocasiones especiales son una buena ocasión para esto. Nuestros hijos estarán encantados con ello y, a pesar de que seguramente harán solicitudes estrafalarias y extravagantes, acostumbrarse a la idea de que no puedes decir que sí a absolutamente todo se vuelve parte de la diversión.

RESPUESTA: Decir que sí (de vez en cuando).

Toda la verdad sobre la nutrición

SI ESTÁS CUIDANDO tu peso o intentas reducir ciertos tipos de grasas, azúcares y sal (que ocasionan padecimientos como enfermedades cardiacas, diabetes o cáncer si las ingerimos en exceso), no hay mejor sustituto que leer las etiquetas. Sin embargo, aun cuando casi todos los envases proporcionan información acerca de los contenidos, con frecuencia es un poco confusa. Las etiquetas con luces de semáforo, rojas, naranjas y verdes, son las más sencillas de comprender, pero muchas compañías de alimentos y supermercados se han resistido a utilizarlas porque no desean que los productos con etiquetas rojas de advertencia se queden en sus estantes. Esto no es de sorprender.

Con el propósito de ayudarte a recorrer el camino a través de las etiquetas de alimentos, el capítulo siguiente te proporcionará cierta información básica para ayudarte a comprender lo que debes buscar realmente.

Cantidades diarias recomendadas

Las cantidades diarias recomendadas son las sugerencias gubernamentales sobre qué cantidad de cierto tipo de alimento o nutriente debe consumir al día un adulto o un niño de talla promedio. La siguiente tabla te proporciona la verdad sobre la información básica:

Valores típicos	**Mujeres**	**Hombres**	**Niños**
Kcal (Calorías)	2,000	2,500	1,800
Proteína	45 g	55 g	24 g
Grasa	70 g	95 g	70 g
Saturadas	20 g	30 g	20 g
Fibra	24 g	24 g	15 g
Sodio*	2.4 g	2.4 g	1.4 g
* Equivalente como sal	6 g	6 g	4 g

La verdad sobre las grasas

- Un gramo de cualquier clase de grasa contiene 9 calorías. Eso es aproximadamente el doble de la cantidad que se encuentra en las proteínas y los carbohidratos. Las grasas te ayudan a sentirte satisfecho, pero reducir el consumo de grasa es una forma eficaz de bajar de peso.

- Los alimentos abundantes en grasa incluyen: queso, mantequilla, carne roja, tartas, pasteles y repostería.

- Nuestros cuerpos necesitan grasa en su dieta: ésta es de suma importancia para las células y para la producción de hormonas. La cantidad diaria recomendada de grasa es de 70 gramos para las mujeres y niños, y 95 gramos para los hombres. Sin embargo, se cree que algunas grasas son más provechosas que otras.

- Las grasas monoinsaturadas se encuentran en diferentes grupos de alimentos, de manera notable en los aceites de oliva y de canola; estos aceites son buenos para la salud del corazón y para ayudar a regular los niveles de azúcar en la sangre.

- Las grasas poliinsaturadas se encuentran principalmente en los alimentos de origen vegetal y, al igual que las grasas monoinsaturadas, son benéficas para la salud del corazón.

- Las grasas saturadas provienen principalmente de los animales; a pesar de que son esenciales para nuestro cuerpo, en grandes cantidades pueden incrementar los niveles de colesterol en la sangre, lo cual a su vez puede incrementar el riesgo de enfermedades cardiacas. La grasa saturada también se encuentra en el aceite de palma, el cual se utiliza con frecuencia en los alimentos procesados, y en el aceite de coco, el cual se usa en la cocina asiática y caribeña. El consumo diario recomendado de grasa saturada es de 30 gramos para los hombres y 20 gramos para las mujeres. Una tarta de carne de cerdo (300 g) contiene unos 30 gramos de grasa saturada, y un paquete de bomboncitos de chocolate (32 g), unos 20 gramos de grasa saturada.

- Existe cierta preocupación acerca de que las grasas trans son más perjudiciales que las grasas saturadas. Las grasas trans se encuentran en pequeñas cantidades en las grasas animales, pero nosotros consumimos la mayoría de ellas en los alimentos procesados como los bísquets y los pasteles; son un subproducto de la "hidrogenación", un proceso que convierte la grasa líquida en grasa sólida. Las grasas trans no tienen que ser incluidas en las etiquetas de los alimentos, pero los aceites hidrogenados sí, así que mantente alerta cuando vayas de compras. La mayoría de los supermercados actualmente han eliminado las grasas trans de sus productos debido a los riesgos para la salud. En realidad, en muchos países consumimos menos de los 5 gramos de la cantidad diaria recomendada y las advertencias se dirigen principalmente a las personas que comen una gran cantidad de alimentos procesados baratos, como pays, panecillos y pasteles.

La verdad sobre la sal

- Ingerir grandes cantidades de sal en nuestra dieta puede ocasionar hipertensión arterial, la cual a su vez está relacionada con las enfermedades cardiovasculares.
- La cantidad diaria de sal recomendada para un adulto es de 6 gramos (como una cucharada).
- Algunas etiquetas de alimentos mencionan el sodio, en lugar del contenido de sal. Para convertirlo a sal hay que multiplicarlo por 2.5.
- Los productos con "sal reducida" sólo necesitan contener 2.5% menos sal que el producto normal, así que si esto es muy salado para comenzar...

- Ciertos alimentos contienen obviamente una gran cantidad de sal, como las papas fritas, los cacahuates salados, los alimentos envasados en salmuera, por nombrar unos cuantos. Sin embargo, los niveles de sal en los alimentos ya preparados no son fáciles de detectar. Por ejemplo, una lata de 400 gramos de frijoles cocidos contiene casi la mitad del consumo de sal recomendado para los adultos.

La verdad sobre el azúcar

- El azúcar es una forma de carbohidrato, y existen diferentes tipos. Algunos se encuentran de manera natural en la fruta y los productos lácteos, otros se agregan a los pasteles, dulces y bebidas. Es el azúcar y los endulzantes que se encuentran en estos alimentos procesados lo que necesitamos vigilar porque las cantidades excesivas pueden ocasionar un aumento de peso importante y todos los riesgos que conllevan para la salud. Mientras más arriba están en la etiqueta, más contiene el producto.
- Las etiquetas de los alimentos pueden ser confusas porque pueden mostrar únicamente la cantidad de carbohidratos, incluso en las formas más saludables, como granos integrales o leguminosas, así que no puedes calcular el contenido de azúcar. Para hacer esto, busca la frase "carbohidratos, de los cuales son azúcares..." para calcular cuál es el resto.

¿Elevado o bajo?

Las etiquetas de los alimentos muestran con frecuencia su información nutrimental como una cantidad por cada 100 gramos, algo que no es de mucha ayuda. La tabla que se presenta a continuación expone esto de forma sencilla, así que utilízala como ayuda para escoger las opciones más saludables:

	Alto (más de, por cada 100 g)	**Bajo** (menos de, por cada 100 g)
Grasa	20 g	3 g
Grasa Saturada	5 g	1.5 g
Sal	1.25 g	5 g
Azúcar	15 g	5 g

Vitaminas y minerales

Si eres un adulto saludable y comes una amplia variedad de alimentos, es probable que no necesites tomar suplementos alimenticios. La vitamina D es la única que no podemos obtener en cantidades suficientes a partir de nuestra alimentación ya que ésta se produce principalmente por la reacción de nuestra piel a la exposición directa a la luz solar (ver Comida, en la página 83). Sin embargo, las personas que comen de manera desordenada y aquellas que excluyen ciertos alimentos como el trigo, los productos lácteos o la carne y el pescado, pueden necesitar un suplemento en su dieta para asegurarse que no les falten los nutrientes esenciales.

Existen ciertas cantidades diarias recomendadas oficialmente por la Unión Europea acerca de nuestro consumo de vitaminas y minerales, pero éstas varían para las mujeres embarazadas y que están amamantando, niños menores de seis años, personas mayores de sesenta y cinco, y aquellas con ciertos problemas médicos. Todos ellos deberían consultar con su médico. Puedes encontrar más información acerca de tomar ciertos suplementos específicos en la sección Desayuno (páginas 37 a la 41) y el sitio nhs.uk contiene un cuadro completo de las cantidades diarias recomendadas de vitaminas y minerales.

Reconocimientos

HE UTILIZADO muchos sitios de Internet, libros y artículos en el transcurso de mi investigación: un lista completa (eso espero) aparece en las siguientes páginas. Hay diversas fuentes a las cuales he recurrido de manera repetida porque las considero extensas, confiables y escritas con claridad. El organismo Cochrane Collaboration proporciona útiles resúmenes generales de estudios médicos, y PubMed Health ofrece acceso a miles de documentos de investigaciones. Para información referente a la salud, nhs.uk es una fuente excelente de asesoramiento gubernamental y su sección Detrás de los titulares es algo que debe leer cualquier persona que intente abrirse paso entre las exageraciones de algunos reportajes de los medios de comunicación acerca de las investigaciones sobre la salud. El libro del profesor Richard Wiseman *59 Seconds: Think a Little, Change a Lot (59 segundos: piensa un poco, cambia mucho)* es un relato completo y sencillo de leer sobre investigaciones psicológicas muy por encima de la mayoría de los libros de autoayuda. El Blog de Investigaciones de la Sociedad Psicológica Británica resume de manera excelente las últimas noticias y progresos.

Por último, estoy en deuda con todos mis colegas, pasados y presentes, por la sección Cuerpo y alma de la revista *Times*, sus artículos sobre salud y ciencia y en especial con Amanda Ursell. También me gustaría agradecer a la profesora Anne Murcoh por su apoyo y aliento.

A

David Allen, David.com
Academia Americana de Dermatología
answers.com

B

bbc.co.uk/health
BBC TV
Rosemary Benson
Fundación Británica del Corazón
bmjbesthealth.com
Fondo Británico del Hígado
Blog de Investigaciones de la Sociedad Psicológica Británica
Sociedad Británica del Roncar y la Apnea del Sueño
Asociación Británica de Refrescos
Bukerman, Olivier, *Help! How to Become Slightly Happier and Get a Bit More Done*, Canongate Books, Edinburgo, 2011.
Profesora Tanya Biron

C

caloriecount.about.com
caloriesperhour.com
Jane Clark
Cochrane Collaboration

D

DailyTelegraph
DEFRA
Departamento de Salud
direct.gov.uk

E

Edinburgh and London Sleep Centres
Investigación de ESA

F

Food Standard Agengy
Profesor Russell Foster
Foundation for the Study of Infant Deaths

G

Suzi Godson, moresexdaily.com
Ben Goldacre, badscience.net
Googlescholar
Nina Grunfeld, lifeclubs.co.uk
Guardian

H

Health on the Net Foundation
Health Protection Agency
Profesor Jim Horne
howstuffworks.com

L

Lehrer, Jonah, *The Decisive Moment*, Canongate Books.
Lillenfeld, Scott O. *50 Great Myths of Popular Psychology*
livestrong.com

M

Andrew G. Marshall

Mayoclinic.com
Jane McGonigal
Medline Plus
menshealth.co.uk
Profesora Anne Murcott

N

netdoctor.co.uk
New Scientist
nhs.co.uk
NSPCC

P

patient.co.uk
psychologicalscience.org
Psychology Today

Q

quackwatch.com
Reader's Digest Association, *5 Minute Health Boosters*
Matt Roberts
RoSPA

S

Consejo para el Sueño
straightstatistics.org

T

The Times

U

Sociedad de Podólogos y Podiatras del Reino Unido
Amanda Ursell

W

webmedmd.boots.com
weightlossresources.co.uk
Wikipedia
Wiseman, profesor Richard, *59 Seconds: Think a Little, Change a Lot*
Organización Mundial de la Salud

Z

Zinczenko, David, con Goulding, Matt, *Eat This, Not That*

Títulos de esta colección

Abriendo la caja de Pandora.
Ferdie Addis

¿Café latte o capuchino?
Hilly Janes

Cuando la Tierra era plana.
Graeme Donald

El libro de los símbolos.
Rudolf Koch

Falsa historia
Emma Marriott

Historia completa de la mafia
Jo Durden Smith

La historia del mundo en pequeños bocados.
Emma Marriott

Piensa como Sherlock.
Daniel Smith

Pienso, luego existo.
Lesley Lebene

¿Por qué los globos suben
y las manzanas bajan?
Jeff Stewart

Ser o no ser...
Liz Evers